AF190799

Werner Bachmann

# Weitwandern und Pilgern

*Erfahrungen auf dem Weg nach*
*Assisi, Subiaco und Rom*

mit einem Vorwort von
Altabt Dr. Odilo Lechner OSB

novum  pro

Dieses Buch ist auch als
# e-book
erhältlich.

www.novumverlag.com

Bibliografische Information
der Deutschen Nationalbibliothek:

Die Deutsche Nationalbibliothek
verzeichnet diese Publikation in
der Deutschen Nationalbibliografie.
Detaillierte bibliografische Daten
sind im Internet über
http://www.d-nb.de abrufbar.

© 2015 novum Verlag

ISBN 978-3-99048-200-1
Lektorat: Yvonne Kramelhofer
Umschlagfoto:
Rdonar | Dreamstime.com
Umschlaggestaltung, Layout & Satz:
novum Verlag
Innenabbildungen:
Werner Bachmann (28)

Gedruckt in der Europäischen Union
auf umweltfreundlichem, chlor- und
säurefrei gebleichtem Papier.

**www.novumverlag.com**

# Inhaltsverzeichnis

# Vorwort

Sehr geehrter Herr Dr. Bachmann, lieber Werner,

mit großem Interesse und mit Vergnügen lese ich Deine „Erfahrungen auf dem Weg von Alzenau nach Rom". Denn packend schilderst Du die Vorbereitungen zu dem dreimonatigen „Weitwandern", die vielen Wege bei der Alpenüberquerung, die Begegnung mit Menschen, die auch unterwegs sind, aber auch die Erfahrungen bei der Rückkehr ins Alltagsleben. Ich bin voller Bewunderung für Deine Entschiedenheit, drei Monate die ärztliche Tätigkeit aufzugeben, für die Ausdauer bei der Überquerung der Alpen und schließlich auch für die Wahl der Zielorte. Es sind ja Stätten zweier großer Heiliger, die unsere Geschichte entscheidend geprägt haben: Benedikt von Nursia und Franziskus von Assisi. So ist das Weitwandern ein Pilgern. Das Wandern durch unsere Welt ist auf ein Ziel gerichtet, ein heiliges Ziel, es geht um das Heilwerden unserer Lebenswege: Unser Leben verliert sich nicht in einzelne Begebenheiten, sondern hat ein Ziel, auf das wir zugehen.

Ich erwähnte schon, dass ich Deinen Mut bewundere, Deine Entschiedenheit, Deine Offenheit für das Ganze, für ein Ziel des Lebens. Meine Bewunderung ist auch deshalb so groß, weil ich selber nie zu einer größeren Pilgerfahrt aufgebrochen bin. Zwar habe ich Bücher etwa über den Jakobusweg oder über Lourdes geschrieben, ohne jemals dort gewesen zu sein – vielleicht die Versuchung der Geistlichen, Wegweiser für andere sein zu wollen, ohne den Weg selber zu gehen. Meine Entschuldigung wäre das Stabilitätsgelübde des Benediktiners, in der klösterlichen Gemeinschaft zu bleiben. Das hat freilich den Sinn, ein Leben lang Gott zu suchen, beharrlich auf dem inneren Weg voranzuschreiten und sich nicht ablenken zu lassen. So wird auch die Schilderung Deines Pilgerweges für mich ein Ansporn, beharrlich den Weg auf ein großes Ziel hinzugehen.

So danke ich Dir herzlich für die Beschreibung Deines Pilgerweges. Sie möge viele Leser anregen, an den Sinn, an ein Ziel ihres Lebensweges zu glauben und immer wieder mutig aufzubrechen.

München, den 6. Mai 2015

Altabt Dr. Odilo Lechner OSB

# Einleitung

Jetzt ist es schon einige Tage her, dass ich zurückgekehrt bin, im Nachtzug aus Rom. Ich habe mich wieder eingewöhnt und das war schwieriger als erwartet. Angefangen von einem echten Kulturschock, der mich beim Fernsehen traf, selbst bei den Nachrichten fühlte ich mich angesichts der Auswahl und Wortwahl völlig fremd. Dann die körperliche Umstellung, die mir einen hartnäckigen Infekt bescherte. Und jetzt lese ich meine Notizen und schreibe die Ideen auf, die sich nach und nach wieder einstellen, so wie sie mir früher auch auf der langen Wanderung eingefallen sind.

Weitwandern, weite Strecken zu Fuß überwinden, das ist eine Beschäftigung, die weit weg führt von unserem normalen Leben. Alles das, was uns üblicherweise bewegt und rasche Reaktionen erfordert, das oftmals getaktete tägliche Leben mit „Smartphone" und Zeitknappheit, das alles bleibt zurück und eine ganz andere Lebenswirklichkeit scheint auf, gar nicht vergleichbar mit Urlaubserlebnissen.

Erst einmal war das ganz unerwartet und überaus reizvoll. Die jahrelange Tätigkeit als niedergelassener Arzt, der Aufbau einer Praxis, das Familienleben und die Begleitung der Kinder ins Erwachsenenleben – der normale „Betrieb", wie ihn viele von uns kennen. Und nun ein ganz anderer Abschnitt.

Eine meiner zentralen Erfahrungen dabei ist die: Bei der langen Wanderung kann es zu einem ganz eigenen Erleben kommen, einem irgendwie einheitlichen, verschmolzenen Erleben der täglichen Eindrücke, es ist wie eine neue Synthese von Körper und Geist. Da kann es sein, dass sich nach einer langen, schwierigen und einsamen Tagesstrecke, Verlaufen inbegriffen, ein Hochgefühl und eine innere Zufriedenheit einstellt, von einer Tiefe, die ich vorher nicht einmal ahnen konnte.

Und ich vermute stark, dass die spirituellen Anregungen dabei unabhängig davon sind, ob der Weitwanderer ein religiöser Mensch ist oder nicht.

Drei Monate zu Fuß unterwegs, viele Wochen davon allein. Die Gedanken und Erlebnisse der vielen Tage, die Begegnungen und Eindrücke sind wie Perlen, die ich dabei unterwegs gefunden habe. Vielleicht werden sie hier zur Perlenkette.

Es liegt ein wenig im Trend, das Langstreckenwandern, das Pilgern, es boomt regelrecht. Warum ist das so? Ich glaube, die Gründe finden sich unterwegs.

# Der Aufbruch

Heute soll es also losgehen. Es regnet. Ich verabschiede mich von Cornelia, die in ihre Praxis geht; in drei Wochen wollen wir uns in Oberstdorf treffen, um gemeinsam über die Alpen zu wandern. Der Rucksack ist gepackt, ich trödele unschlüssig im Haus umher, es regnet immer noch. „Wollen Sie wirklich heute los? Bei dem Wetter?" Unsere Haushaltshilfe ist ganz besorgt. Nein, so darf ich gar nicht erst anfangen, Regen hin oder her.

Also los, die Jacke an und auf den bekannten Wegen die ersten Kilometer von zuhause weg. Es geht im Vorspessart die ersten Anstiege hinauf, leichter Nieselregen, der Himmel ist wolkenverhangen. Bizarr wird dieser erste Tag vollends, als ich nach Aschaffenburg komme, durch die Stadt gehe, dieselbe Stadt, in die ich sonst täglich zur Arbeit fahre.

Ich komme mir völlig „falsch gepolt" vor. Und genauso abgehackt wie diese ersten Sätze, genauso verwirrt fühle ich mich. Was mache ich hier eigentlich? Wie bin ich auf diese Idee gekommen, zu Fuß nach Italien zu laufen, alleine, mit einem Rucksack für viele Wochen unterwegs?

## Rückblende

Vor über dreißig Jahren war ich zum ersten Mal in Subiaco, südlich von Rom. Dort hängt ein Kloster wie ein Schwalbennest an einer Felswand, gebaut über der Grotte Sacro Speco, in der Benedikt von Nursia, der große Heilige der Spätantike, drei Jahre lang in der Einsamkeit gelebt haben soll. Es war unglaublich faszinierend: Benedikt hatte eine unglaubliche Ausstrahlung in Italien und ganz Europa und seine Spuren finden sich auch heute noch überall. Und dann Assisi, dort war ich bisher noch nie und über eine unklare Vorstellung von Franziskus als Naturfreund, armen Heiligen und eine Art Sozialrevolutionär bin ich nie hinausgekommen.

Irgendwann vor vielen Jahren setzte sich die Idee in meinem Kopf fest, zu Fuß nach Italien zu wandern, um diesen beiden großen Gestalten näher zu kommen. Zu Fuß war ich immer schon gerne unterwegs, meist in den Bergen. Mit dem Ende der Schulzeit der Kinder tat sich die passende Lücke für eine Unterbrechung auf. Und da wurde das Ziel klar: Zu Fuß nach Italien, nach Assisi, nach Subiaco. Wie lang würde ich dazu wohl brauchen? Und gibt es überhaupt Wanderwege?

Vor vielen Jahren hatten wir schlechte Erfahrungen gemacht. Außerhalb der Dörfer endeten die Wege fast immer in undurchdringlichem Dorngestrüpp, der „macchia". Ein Fortkommen gab es nur auf der Straße. Die Suche im Internet beginnt. Und tatsächlich: Es finden sich Wegebeschreibungen von Bologna nach Florenz und von dort bis nach Rom. Wunderbar! Der Rest dürfte kein Problem sein. Deutschland, die Alpen und Südtirol sind voller Wanderrouten. Bleibt die Poebene, da müsste ich halt noch etwas suchen.

Etwa 1500 km werden es wohl insgesamt sein, sagt der Atlas, und 150 Kilometer in der Woche müssten zu schaffen sein: 6 x 25 km und ein Tag Pause, so die überschlägige Rechnung. Das wären also 10 Wochen, plus 2–3 Wochen Reserve, macht 3 Monate oder ein Quartal – das ist für Ärzte ein sehr vertrauter Zeitabschnitt!

Zusammen mit meiner Frau plane ich die Reise und wir tragen zusammen, was es denn alles zu klären und organisieren gibt, wenn sich ein selbstständiger Arzt aus einer größeren Gemeinschaftspraxis einfach mal für einige Monate „ausklinkt" und nicht erreichbar sein will. Eines ist klar, die Alpenüberquerung werden meine Frau und ich gemeinsam machen.

Die Partner der Praxis legen mir zum Glück keine Steine in den Weg, auch wenn zusätzliche Belastung auf sie zukommt. Dann erzähle ich Freunden von meinem Vorhaben und lade sie ein, Abschnitte mit mir zu gehen. Am Ende sind es drei, die tatsächlich eine Strecke mitwandern wollen. Viele gute Ratschläge treffen ein und wir merken, dass das Vorhaben unsere Umgebung, Familie, Freunde und Bekannte bewegt. Neue Ideen kommen hinzu und Ziel und Zweck werden konkreter:

„Also, wenn du zu Fuß nach Assisi willst, bist du ein Pilger. Hast Du denn schon einen Pilgerstab? Und den nötigen Pilgerausweis? Lass dir vom Heimatpfarrer einen Pilgerausweis ausstellen."

„Nach Assisi und Subiaco wollen Sie? Na, dann endet die Pilgerreise doch klarerweise in Rom, also sind Sie ein Rompilger!"

„Rompilger"? Das klingt doch wirklich ein wenig fremd, sollte ich es nicht erst einmal beim „Weitwanderer" belassen? Aber es reizt auch, denn ein neuer Horizont öffnet sich.

Jetzt informiere ich weitere Kollegen, die Mitarbeiterinnen und in den letzten Monaten vor dem „Ausstieg" alle Patienten, die regelmäßig zu mir kommen. Die Reaktionen sind verschieden, aber die meisten zeigen Verständnis, Sympathie oder Neugier. Je belasteter die Menschen sind oder früher waren, desto zustimmender ihre Reaktion. Ob ich denn wiederkommen werde, den Einstieg wieder finden werde?

Ein ehemaliger Manager sagt: „Sie haben völlig recht jetzt zu gehen. Sehen Sie mich an! Immer dachte ich mir, später, nach dem Berufsende hast du Zeit, holst du das alles nach. Und ein Jahr nach dem Ausscheiden aus dem Beruf hatte ich den schweren Schlaganfall, der mich an den Rollstuhl fesselte."

Inzwischen wird die Vorbereitung konkreter, die einzelnen Abschnitte lassen sich erkennen:

Durch Süddeutschland bis zu den Alpen auf Wanderwegen, von Oberstdorf nach Meran auf dem Fernwanderweg E 5, weiter durch Südtirol über den Monte Baldo zum Gardasee und bis nach Mantua, dann von Bologna auf dem „Götterweg" nach Florenz. Schließlich der letzte Abschnitt auf dem „Franziskusweg" Richtung Rom. Mitte August werde ich starten, dann geht es Anfang September über die Alpen, das ist die beste Zeit. Im Oktober könnte ich in Florenz sein und anschließend durch Umbrien gehen. Bevor es wirklich kalt und unangenehm wird, sollte ich Anfang November in Rom sein. Die genauen Etappenziele muss ich offenlassen. Eine allzu genaue Planung ist ja gar nicht möglich. Was weiß denn ich, wie sich das alles nach den ersten zwei Wochen darstellt?

Die Ausstattung wächst, mit 10–11 kg will ich auskommen, Funktionskleidung macht es leicht. Und am Ende zeigt sich, dass ich tatsächlich jeden einzelnen Gegenstand gebraucht habe.

*Dann mache ich mir Gedanken über den Tagesablauf. Sicherlich, beherrschend wird die Bewältigung der Strecke sein. Aber ich möchte auch dem Tag eine Struktur geben: Wie starte ich in den Tag, wie beende ich ihn? Ein befreundeter Jesuit schickt mir Auszüge aus den „Exerzitien im Alltag". Gedanken, Übungen und Gebete, die einstimmen und eine Richtschnur im täglichen Betrieb bilden sollen, so wie es Ignatius von Loyola für seine Mitbrüder vor über 400 Jahren niederschrieb. Am Ende wähle ich mir zwei Texte aus, einen für morgens und einen für abends. Vorherrschend ist bei mir aber doch die Idee der langen Wanderung, einfach mal abwarten, was die lange Strecke mit mir machen wird. Mit dem Begriff des Pilgerns habe ich erst einmal so meine Schwierigkeiten.*

Und so bin ich eben einfach am festgesetzten Tag im Nieselregen losgelaufen. Und komme jetzt durch die Stadt, in der ich seit langer Zeit arbeite. Und in das Durcheinander meiner Gefühle mischt sich zum ersten Mal blitzartig die unbändige Freude darüber, wirklich unterwegs zu sein. Freie Zeit für viele Wochen, einfach unfassbar und noch gar nicht wirklich vorstellbar. Am Main entlang geht es weiter nach Süden. Das hier ist ein Abschnitt vom viel befahrenen Mainradwanderweg. Hier gibt es immer wieder kleine Hinweisschilder, die auf private Übernachtungsmöglichkeiten verweisen. Am Nachmittag finde ich so problemlos eine

Unterkunft. Die Füße schmerzen, ankommen, auspacken, ausruhen – zum ersten Mal. Rasch ein paar Sachen fürs Abendessen gekauft, später schlafe ich tief und fest.

„Alte Treidelpfade am Main"

Am Main entlang Richtung Miltenberg gibt es häufig baumbestandene Uferpfade, die zum Wandern einladen. Alte Treidelpfade, auf denen früher Pferde die Kähne der Mainschifffahrt zogen. Das Wetter ist heute schön und auf den grasbewachsenen, schattigen Pfaden geht es leicht voran. In Großheubach in einem kleinen Café vergesse ich meine Kamera, aber das bemerke ich erst ein paar Kilometer weiter, fluche leise, laufe zurück und werde freudig begrüßt. Sie haben mich schon gesucht, eine junge Frau ist mit dem Fahrrad auf die Suche gegangen: Weit kann er doch zu Fuß nicht sein. Ich bin erleichtert und gerührt. Es ist das erste

Mal, dass ich merke, wie anders auf den Fußwanderer mit Rucksack reagiert wird als auf den eiligen Autofahrer. Da ist eine Fürsorge, die ich noch oft spüren werde.

Das Kloster Engelberg auf den Höhenzug gegenüber von Miltenberg nimmt lange schon keine Einzelwanderer mehr auf, aber es findet sich ein guter großer Gasthof in Miltenberg. An der Jakobuskirche steht eine neue Plastik des Apostels: „Im Aufbruch: 2577 km nach Santiago de Compostela". Verwunderlich dieser Hinweis hier am Main. Aber der Jakobsweg ist sehr populär geworden, alte Wegweiser werden wieder aufpoliert und gepflegt. Natürlich gab es früher überall „Zubringer" zum großen Jakobsweg, der durch die Schweiz und Frankreich nach Spanien führt.

---

### Samstag, 14. August

Am nächsten Morgen will die Besitzerin des Hotels doch genau wissen, was ich denn vorhabe. „Zu Fuß bis nach Rom!" Und sie verwickelt mich in ein langes Gespräch, bei dem mir wieder bewusst wird, worauf ich mich eingelassen habe: Den Beruf vorübergehend aufgeben, Strapazen ertragen, ständig Neues aufnehmen, immer unterwegs sein nach dem Pilgerspruch: „Niemals über Nacht zweimal am selben Ort". Angst, Sorge? Nein, noch herrscht nur die Freude über den Aufbruch vor.

In der nebeligen Morgenkühle geht es aufwärts in den Odenwald auf der alten Pilgerstraße Richtung Walldürn. Im Wald stehen die Nebelschwaden, es sieht schon sehr nach Spätsommer aus. Betaute Spinnennetze schimmern im Nadelwald. In einer kleinen Dorfkirche sind Vorbereitungen für das Fest Maria Himmelfahrt getroffen: Kräuterkissen und kleine Blumensträuße werden zum Verkauf angeboten oder eher zum Mitnehmen gegen eine kleine Spende. In den kleinen Dörfern prangen die wunderschönen Bauerngärten voller Blumen und Gemüse.

Ganz leer ist die alte Pilgerstraße, in regelmäßigen Abständen gibt es kleine Altäre in sehr unterschiedlichem, manchmal arg baufälligem Zustand. Walldürn ist an diesem Samstag ebenfalls leer. Auf der Suche nach einer Unterkunft telefoniere ich herum, nehme schließlich mit meinem Rucksack in einem kleinen Café Platz. Kurz darauf setzen sich zwei Wanderer zu mir, die mich gleich ansprechen. Ob ich denn ein Pilger sei und wohin ich denn wolle, fragt der eine. Vorsichtig gebe ich Auskunft. Noch ist mein „Bekenntnis" etwas stockend, als glaubte ich selbst noch nicht so richtig an den langen Weg. Und dann erzählt der eine seine erstaunliche Geschichte: Er war Waldarbeiter und erlitt einen schweren Arbeitsunfall, bei dem ihn ein Baum fast erschlug. Lange brauchte er, um wieder auf die Füße zu kommen, ein tiefer Einschnitt in seiner Existenz. Er empfand sein Leben wie neu geschenkt und war seitdem viele Wochen und Monate zu Fuß als Pilger unterwegs, quer durch Frankreich bis nach Santiago de Compostela. „Das Wichtigste ist das Draußensein, das Unterwegssein in der Natur, alles andere findet sich von allein." Er schwärmt von den einsamen Wäldern in Frankreich. Und dann kriege ich beim Abendessen noch einen Rat: „Es gibt überhaupt keine Umwege oder ein Verlaufen, es gibt nur andere Wege, die ihren eigenen Sinn haben, auf denen dir anderes begegnet; gewöhne dich nur recht bald daran."

---

*Sonntag, 15. August*

Walldürn ist seit dem 14. Jahrhundert ein berühmter Wallfahrtsort. Es gab dort ein „Blutwunder": Ein Priester warf einen Kelch mit dem Blut Christi um, erschrak fürchterlich und verbarg das Tuch bis zu seinem Tode. Auf dem Tuch hatten sich aus den roten Tropfen kleine Bildnisse Christi gezeichnet. Als dies nach dem Tod des Priesters bekannt wurde, entstanden schnell die Verehrung dieses „Blutwunders" und eine Wallfahrtsbewegung. Die mächtige, barockisierte Wallfahrtsbasilika aus der Renaissancezeit macht einen düsteren Eindruck. Die Gottesdienstbesucher füllen an diesem Sonntag die große Kirche bei weitem nicht. Sie ist natürlich auch für die vielen Wallfahrer gebaut, die im Frühjahr teilweise von weit her zu Fuß nach Walldürn kommen. Die Basilika ist prächtig, aber mich spricht sie nicht an. Wie kann sie in ihrer barocken Pracht überhaupt uns Heutige noch ansprechen in unserem modernen und etwas zerzausten Lebensgefühl?

Etwas nachdenklich verlasse ich das Städtchen und suche den Limeswanderweg, der mich an die Jagst führen soll. Das Wetter bleibt heute unbeständig, graue Wolken treiben am Himmel, es weht ein kühler Wind. Zum Glück bleibt es aber trocken und eigentlich ist es ideal zum Wandern. Wälder und offene Abschnitte wechseln sich ab, die Landschaft ist wellig und abwechslungsreich. Ich liebe diese Landschaft und das unbeschwerte Wandern. Manchmal schießt mir durch den Kopf: Und das jetzt monatelang! Unglaublich! Wundervoll!

Am Abend komme ich in Bofsheim an, ein winziger Ort südlich von Walldürn. Meine Bekannten von gestern haben mir den Gasthof Roß empfohlen: Gute Küche und freundliche Aufnahme. Das war heute eine Strecke in völliger Einsamkeit, heute am Sonntag, dem Fest der Aufnahme Mariens in den Himmel. Gelegentlich gibt es Autos auf den Straßen, aber in den Ortschaften ist kein Mensch auf der Straße. Der Sonntag spielt sich in den Häusern ab, aus denen gelegentlich einmal Kindergeschrei dringt. Das Bild ist anders als in den Städten.

In einer hellen freundlichen Kirche ist das Protokoll der letzten Sitzung des Pfarrgemeinderates ausgehängt. Engagiert spricht es von dem Mehr-Jahresprojekt der Bildung von Gemeindeteams und der nötigen Beziehungsgestaltung zum Pfarrgemeinderat. Die Gemeinde stellt sich auf eigene Füße, wird sich ihrer Kraft bewusst und macht sich ihre Bedürfnisse klar: Ein Gemeindeleben ohne ständige Anwesenheit eines Pfarrers zeichnet sich ab. Bemerkenswert, dass die aufgeführten Namen der Helferinnen und Lektoren samt und sonders weiblich sind. Und ist es nicht ganz oft so: Die jungen Frauen mit Kindern sind es, die sich Gedanken machen, in welchem Geist ihre Kinder heranwachsen sollen. Die Männer scheinen oft seltsam abwesend, vielleicht kein Wunder, wenn sie auswärts arbeiten und lange Wege mit dem Auto pendeln müssen.

---

### Montag, 16. August

Aufbruch bei schlechtem Wetter und kühlem Nieselregen. Ich rufe meinen Vater an und während ich weiterwandere, unterhalten wir uns eine ganze Weile angeregt. Er freut sich, dass ich es tatsächlich geschafft habe, aufzubrechen und schon einige Etappen zurückgelegt wurden. So etwas wäre auch sein Wunsch gewesen, nach dem Krieg aber schwer möglich. Ich weiß von seinen langen Wanderfahrten als Jugendlicher von Oberschlesien aus, damals, lange vor dem Zweiten Weltkrieg mit Jugendgruppen Richtung Polen und Galizien.

Der Kontakt nach Hause ist einfach und wird auch während der gesamten Wochen nicht abreißen: Etwa alle zwei Tage rufe ich an. Probleme aus der täglichen Arbeit mit all den organisatorischen Fragen drängen sich jetzt auch bei mir noch immer wieder einmal in den Vordergrund. Aber nach und nach fallen mir Lösungen ein und wie ein Nebel im Sonnenlicht verschwinden sie langsam und werden unwichtig.

In Osterburken werde ich plötzlich auf der Straße angerufen: „Wo wollen Sie denn hin mit dem Gepäck?" Eine Frau mittleren Alters kommt heran. Sie war im Frühjahr Pilgerin auf dem spanischen Jakobsweg. Noch etwas unsicher (schon wieder) erzähle ich ihr von meinem Plan, bis nach Rom zu laufen. Und sie erzählt von ihren Erlebnissen auf dem Jakobsweg im letzten Jahr. Ganz so einfach scheint es auf den überfüllten Abschnitten und in den Pilgerherbergen nicht gewesen zu sein. Laufend wurde sie mit den Lebensproblemen von Mitpilgern konfrontiert, ganz erschöpft sei sie zurückgekehrt, oft habe sie sich mehr Einsamkeit und Stille gewünscht. Na, die werde ich wohl haben, wenn es so weitergeht wie bisher.

Der Weg führt aus der Stadt heraus und ist stellenweise nicht so gut gekennzeichnet oder bin ich nur zu sehr in Gedanken vertieft? Denn nach Kurzem finde ich mich auf einem Feld wieder und lande im Matsch. Als ich mich wieder herausgearbeitet habe, treffe ich einen älteren Mann mit einem müde drein schauenden Hund. Er weist mir nach einer kleinen schönen Unterhaltung den richtigen Weg. Jetzt kommt es mir schon so vor, als sei es doch kein Umweg gewesen, ich muss gleich an die Bekannten von gestern denken. Es geht unter der A 81 hindurch, leiser Verkehrslärm folgt mir nach. Es geht durch Streuobstwiesen und kleine Dörfer, dann wechselt die Markierung: Ein rotes Kreuz führt jetzt durch dichten Mischwald bis nach Schöntal. Und plötzlich öffnet sich der Wald und von der Höhe schaue ich auf die große barocke Klosteranlage an der Jagst. Wunderschön liegt sie im

„Bauerngarten unterwegs"

Tal unter mir. Ich habe ein Zimmer vorbestellt, herzliche Begrüßung. Das Kloster ist auch ein Weiterbildungszentrum. An der Anmeldung liegen Bücher und Prospekte aus. Einige handeln von Franziskus und seiner Zeit.

*„Einfach leben" – ein Buch beschreibt das Leben der Kapuziner in Deutschland. Ein Satz aus der Regel der Kapuziner macht mich sehr nachdenklich: „Jeder sollte aus unserem Gesicht und unserem Leben auf die Güte des menschgewordenen Gottes hingewiesen werden." Das ist auf die Mönche bezogen, aber ist das nicht ein wichtiges Motiv im Leben eines jeden Christen?*

*Ein weiterer Satz spricht mich besonders an: „Die Brüder mögen sich hüten die Arbeit zu übertreiben." Also bestand schon damals diese Gefahr. Was hätten sie zu unserer Zeit gesagt, in der die Arbeit allein oft dem Leben Sinn geben soll und immer mehr in den Tag hineingestopft wird?*

# Durch Süddeutschland

In einem der ausliegenden Bücher habe ich eine Franziskanerin entdeckt, die hier im Kloster Schöntal wohnt. Sie ist tatsächlich da und ganz spontan habe ich mich zu einem Gespräch mit ihr verabredet. Was ich so genau will, weiß ich nicht. Dann sprechen wir über meinen Weg, über das Unterwegssein. Und sie erzählt: Jahrelang hat sie Familien mit Kindern auf Pilgerwegen in Umbrien begleitet. Besonders wichtig war den Familien immer die monatelange Vorbereitungszeit in Deutschland, bevor sie das lange, gemeinsame Unterwegssein angetreten sind. Immer wieder könne sie auch heute noch von den inzwischen erwachsenen Kindern hören, wie toll das gewesen sei.

Nach dem Gespräch wird mir endgültig klar: Ja, das soll es sein, ein langer Weg, ein „Pilgerweg" nach außen und nach innen. Sie schenkt mir zwei Tau-Zeichen, eines für mich und eines für Cornelia, wenn wir zusammen über die Alpen gehen werden. Das Tau ist das „Erkennungszeichen" der Franziskaner. Franziskus selbst benutzte es, um Briefe zu unterschreiben. Ich hänge es mir gleich um.

Und jetzt ist es wie ein zweiter Aufbruch. Voll Schwung breche ich von Schöntal auf. Das Wetter ist wieder schlechter geworden, aber der Regen stört nicht, denn es ist ja klar, dass ich auf dem langen Weg noch viel Regen abkriegen werde; aussuchen kann ich es mir nicht. Innerlich das Feuer hüten, die leuchtende Wärmequelle, die das Ziel darstellt, das ist jetzt für mich wichtig.

Auf dem Höhenzug zwischen Jagst und Kocher finde ich eine alte Straße, die „Hohe Straße", die direkt nach Künzelsau am Kocher führt, ohne durch Dörfer zu ziehen. Es ist eine alte Handelsstraße und sie wirkt in der Anlage fast wie eine heutige Autobahn. In

Künzelsau komme ich früh an: bleiben oder weitergehen? Nach einer Rast und einem Cappuccino gehe ich kurzentschlossen weiter am Kocher entlang. Aber später sind in den nächsten Ortschaften alle Unterkünfte besetzt und es wird ein ewig langer Weg, immer weiter. Was bereue ich meine Entscheidung von vorhin? Jetzt könnte ich so schön und bequem in Künzelsau sitzen. Da begegnet mir eine junge Frau auf einem Fahrrad: „Nach Langenburg? Das ist nicht mehr so weit, das schaffen Sie leicht!" Genau die richtige Unterstützung, als die Moral im Keller ist.

Langsam wird es dunkel und ich muss noch einen langen Anstieg die Straße hinauf. Im Ort sind einige Übernachtungsadressen angeschrieben. Nun ist es wirklich dunkel, die einzige Telefonnummer, die ich noch ohne Taschenlampe lesen kann, rufe ich an:

„Wissen Sie eigentlich, wie spät es ist?", kommt als Begrüßung. Ich murmele eine Entschuldigung und kriege tatsächlich ein Bett. Die Wirtin bringt sogar noch einen Tee und ein Käsebrot. Todmüde falle ich ins Bett.

---

## Mittwoch, 18. August

Am nächsten Morgen gibt es in der großen Küche ein ausführliches Frühstück, das ältere Ehepaar hat Zeit. Sie sind lange im Ausland gewesen, in verschiedenen Ländern, in Nigeria, in Indien. Er hat als technischer Berater in der Entwicklungshilfe gearbeitet. Was sich mir einprägt, sind die lebhaften Schilderungen der Menschen über das Lebens dort, was die Beiden sehr beeindruckt hat. Im Haus stehen überall Erinnerungsstücke und auch heute noch reist der „senior expert" gelegentlich nach Indien. Es ist schon 10 Uhr, als ich endlich aufbreche. Sie haben mir den weiteren Weg noch gut beschrieben, gewürzt mit Heimatkunde.

Es geht durch Liebendorf und Hessenau, kleine stille Dörfer, dann auf Feldwegen an der Jagst entlang. Bussarde und Reiher lassen sich nicht stören, kein Mensch ist auf den Wegen. Nach einiger Zeit verschwindet auch die Schwere und Steifheit aus den Gliedern, der Rest vom überlangen Tag gestern. Aus dem Flusstal heraus steilaufwärts nach Leofels und Landsiedel. Vor St. Stefan, einer kleinen hellen Kirche, kratzt eine Frau mühsam das Unkraut aus den Rillen des Pflasterweges. Schon früh nach der Reformation sei die Kirche im Jahr 1534 protestantisch geworden und hier sei die älteste Barockorgel Württembergs zu finden, erklärt sie mir. Der Tag ist schön geworden und der Innenraum der Kirche leuchtet in hellen Farben.

Mittagspause in Kirchberg, dem kleinen Städtchen über der Jagst. Es gibt Tourismus hier und einige kleine Läden in den alten Gassen mit den wunderschön gepflegten Häusern. Mittendrin eine kleine Buchhandlung. Beim Stöbern entdecke ich eine Karte von Johannes Scheffler (1624 bis 1677), dem Angelus Silesius:

*„Halt an, wo läufst du hin? Der Himmel ist in dir!*
*Suchst du Gott anderswo, du fehlst ihn für und für."*

Das passt doch, also setze ich mich erst einmal hin und trinke in Ruhe einen Kaffee.

Am Nachmittag geht es durch offene Landschaft und Felder in Richtung Crailsheim an der Jagst. Dann stoße ich auf den Fernwanderweg E8. An der Jagst entlang sind es stellenweise wild romantische kleine Steige, auf denen er verläuft. Sie sind halb zugewuchert, schattig und immer feucht in der Flussnähe. Schlingpflanzen hängen auf den Pfad herab. So geht es stundenlang dahin und wieder: Kein Mensch zu sehen, keiner, der mir unterwegs begegnet. Ist Deutschland wirklich so dicht bevölkert?

Als ich endlich ankomme kann ich kaum noch laufen und finde zum Glück rasch eine gute Unterkunft in einem Appartementhaus.

Auf der Suche nach einem Stempel für meinen Pilgerausweis finde ich am nächsten Morgen St. Bonifatius, eine moderne Betonkirche, 1974 erbaut. Licht strömt durch bodentiefe farbige Fenster herein. Ein Kreuzweg ist in den Beton eingearbeitet, ganz schlicht und faszinierend: Der tote Jesus im Grab, zwei Hände, die ihn aufwecken. Das erinnert mich an die antiken Darstellungen, als die Menschen sich nicht trauten, den unnennbaren Gott durch mehr als nur drei Finger in der Höhe darzustellen, lange vor der Zeit, als Gott der Großvater mit dem Rauschebart wurde.

Im Pfarrbüro habe ich Glück und treffe zwei Gemeindemitglieder an und kriege meinen Stempel. Dann erfahre ich, dass indische Patres in der Seelsorge aushelfen. Fast ohne Sprachkenntnisse kommen sie hier an und die Gemeinde gibt sich große Mühe, ihnen zu helfen, die Sprachbarriere bald zu überwinden. Und dann ganz unvermittelt: „Aber das ist doch keine Lösung, wir brauchen doch Seelsorger, die die Leute verstehen. Wenn Rom aber nichts an Modernisierung zulässt, wie soll sich dann etwas ändern? Warum gibt es bei der Flut von modernen Heiligen keine verheirateten, keine mit Familie? Wie soll die Glaubensweitergabe im modernen Leben denn gehen?"

Draußen scheint die Sonne, als ich weitergehe. An der Jagst entlang sind es auf dem Fahrradweg etwa 23 km bis nach Ellwangen. Das erscheint mir aber etwas zu langweilig und so wähle ich den Hauptwanderweg 4, aber das werde ich noch bereuen. Ich habe keine Karte und auf meinem Handy sieht der Weg ganz einfach aus: Ein kleiner Schlenker nach Westen und dann durch die Wälder bis nach Ellwangen. Eineinhalb Stunden später laufe ich immer noch nach Westen, bis ich den Burgberg erreiche, 534 m hoch, ein hoher Aussichtspunkt; von wegen „kleiner Schlenker"! Aber die Landschaft ist traumhaft schön, dunkle Wälder mit Lichtungen voller Brombeeren, dann wieder lichter Laubwald.

An entlegenen Bauernhöfen und einem Pfadfinderlager komme ich vorbei und überall herrscht Stille. Wieder begegne ich unterwegs keinem Menschen. Mein Deutschlandbild beginnt zu wanken. Habe ich Deutschland nicht immer für ein dicht besiedeltes Land voller Städte und Industrie gehalten? Nach einer Woche zu Fuß könnte ich es auch so beschreiben: Menschenleer, voller Wälder und Felder, stellenweise Dörfer mit Kühen, Schweinen und Hühnern, ein reines Agrarland. Alles eine Frage der Perspektive?

Als ich in Rosenberg ankomme, bin ich völlig geschafft. Zum Glück gibt es einen Bus nach Ellwangen. Dort muss ich hin, dort habe ich mich angemeldet. Noch ein Blick in die Kirche von Rosenberg. Sie wurde von dem Künstler Sieger Köder gestaltet, als er dort Pfarrer war. Geschlossen zeigt der Flügelaltar das Leid in der modernen Welt, geöffnet die hoffnungsfrohe Emmaus-Szene, im Sockel schaut ein Jakobspilger zu. Ich liebe die Farbenpracht dieser Bilder.

Der Bus kommt. In Ellwangen schleppe ich mich den Schönenberg hinauf, es ist immer noch sehr warm, als ich im alten Konvent ankomme. Heute ist es ein Fortbildungshaus der Diözese Rottenburg-Stuttgart. Erst ist die Pfortenfrau etwas abweisend, doch als ich das Pilgern erwähne, taut sie auf und erzählt voller Begeisterung von der jährlichen Gedächtniswallfahrt für den Jesuiten Philipp Jeningen (1642 bis 1704), der hier jahrzehntelang wirkte und bis heute sehr verehrt wird. Seit 19 Jahren gibt es jetzt die dreitägige Wallfahrt von Eichstätt, dem Geburtsort Philipps, bis nach Ellwangen und immer mehr Menschen wandern und pilgern mit.

Nein, zum Essen gehe ich heute nicht mehr ins Tal, dazu bin ich viel zu müde. Aus allerlei Snacks und Bier wird noch ein Abendessen – tiefer Schlaf.

Zum Glück erholt sich der Körper über Nacht fast vollständig, die Schmerzen in den Füßen sind wie weggeblasen, nur etwas Morgensteifheit ist noch da. Die Morgenroutine: Morgenlob und Betrachtung des Tages, etwas Gymnastik, packen und Sachen verräumen, etwas Italienisch lernen. Das dauert, inklusive Frühstück, etwa eineinhalb Stunden. Ich genieße diese Zeit. So viele Jahre musste es zuhause morgens immer schnell gehen, immer drängte die Zeit.

Es gibt eine Morgenmesse in der großen barocken Marienwallfahrtskirche, dann breche ich auf. Heute bin ich langsam, schaue mir erst einmal Ellwangen und die romanische Gewölbebasilika St. Vitus an. Hier gibt es eine Besonderheit: Übereck ist sie verbunden mit einer evangelischen Kirche, der früheren Jesuitenkirche. Jahrhundertelang gab es keine Verbindung trotz der direkten Nachbarschaft, bis 1999 zur Feier der gemeinsamen Erklärung zur Rechtfertigungslehre die Tür zwischen den Kirchen feierlich geöffnet wurde. Heute kann man ganz leicht von einer Kirche in die andere gelangen.

Noch einen Kaffee in einer Buchhandlung trinken, dann bin ich endlich munter. Es ist wieder ein heißer Sommertag. Die Jagst ist nur noch ein kleiner Bach, auf Feldwegen komme ich zum Jagststausee und in der Mittagshitze lockt das Wasser. Ferienbetrieb mit Familien und Kindern, fröhliches Geschrei auf dem weitläufigen Gelände, nichts stört. Das Wasser ist herrlich kühl und erfrischend. Aber als ich weitergehe, schlägt die Hitze wieder erbarmungslos zu. Vermutlich sind es 40 °C in der Sonne. Hitze ist schlimmer als Regen, der Schweiß rinnt und ich kann gar nicht so viel trinken, wie es vielleicht nötig wäre.

Überall wird die Getreideernte eingebracht, der Staub der Mähdrescher wirbelt in die Luft, der Himmel strahlt weiß und blau, an Kuppen flimmert die Luft in der Hitze.

Heute navigiere ich ausnahmsweise mit dem Smartphone, was ganz gut klappt, aber doch irgendwie lästig ist: Einschalten, ausschalten, Bildausschnitt vergrößern usw., keine Dauerlösung.

Einmal überquere ich um abzukürzen ein Tal auf einer Bundesstraße. Kurz wechselt das ruhige Wandertempo, für ein paar hundert Meter bin ich wieder im Tempo der modernen Zeit, die Autos kommen von der Höhe herabgeschossen, die Fahrer wirken starr konzentriert, um die Kurve richtig zu nehmen. Selbst hinter meiner Leitplanke wird mir mulmig, bis mir klar wird, dass ich doch selbst oft genug so unterwegs bin. Kurze Zeit später verschwinde ich wieder im Wald, erfahre aber, dass auch zugewachsene Wege vom Smartphone als passierbar angegeben werden. Aber das macht nichts, ich kämpfe mich durch, der Schatten versöhnt ganz eindeutig. Es geht bergauf und urplötzlich weitet sich der Blick am Waldrand über die Zwiebelkuppel einer Kirche hinweg: Offen liegt die Landschaft bis zur Fränkischen Alb vor mir. Ein alter, halb zugewachsener Weg führt ins Dorf, zur „Sonne" und ich erhalte hier ein schönes Zimmer mit Balkon. In der Abendsonne schieben alte Frauen zufrieden quakende Kleinkinder im Kinderwagen die Dorfstraße entlang, idyllisch und jetzt gerade ein Bild des Friedens.

Am Abend schlendere ich ein wenig durch den Ort. An der Kirche hängt ein Gedicht des Pfarrers, der für den Sonntagsgottesdienst wirbt, welcher wie überall in Konkurrenz zu Fußball und vielem Anderen steht. Da hat er sicher einen schweren Stand, aber er hat vielleicht recht, das ist auch meine Erfahrung: Das sonntägliche Stück von der „Frohen Botschaft" ist ein bisschen wie das Vitamin C gegen den „geistigen Skorbut", der in der reinen Diesseitigkeit schleichend kommen kann.

---

*Sonntag, 21. August*

Früh raus, um noch ein wenig von der Morgenkühle mitzunehmen. Das Ziel ist Nördlingen, die Stadt im Ries. Erst geht es über die Höhen und Feldwege dem Kompass nach. Die Sonne heizt bald wieder. In Bopfingen weiß ich nicht weiter, ein Mechaniker unterbricht seine Arbeit und erklärt mir den Fußweg an der kleinen Eger entlang bis nach Nördlingen. Am Bächlein ist es etwas kühler, aber auf der Straße wird es wieder sehr heiß. Zum Glück finde ich in Trochtelfingen ein kleines Freibad: Abkühlung und Pause. Bei dem Begriff Pilgerweg denken die meisten Menschen an Entbehrung und immer auch an Leistung. Unterwegs und auch später kommt immer wieder die Frage: Und, wie viele Kilometer haben Sie täglich geschafft? Aber ich finde, etwas Genuss soll auch dabei sein, wie jetzt hier das wunderbare klare und kalte Wasser im kleinen Freibad.

Stunden später müde an der Stadtmauer von Nördlingen: Ein altes Ehepaar gibt mir Auskunft nach einer Unterkunft, geht mit mir in die Stadt und begleitet mich zum „Walfisch". „Das finden Sie doch sonst schlecht." Mir ist gar nicht klar, dass ich so „hilfs-bedürftig" wirke.

Die alte gehbehinderte Chefin empfängt mich, es ist ein Zimmer frei, die Abendroutine folgt.

Das mittelalterliche Nördlingen mit seiner intakten geschlossenen Stadtmauer zieht viele Touristen an. Vom Daniel, dem 60 Meter hohen Turm der evangelischen Hauptkirche, hat man einen herrlichen Rundblick auf die Ebene des Rieskraters. Im Süden und Osten lässt sich das Kraterrund erkennen. Der Meteoritenein-schlag hat die Erdkruste bis in 600 Meter Tiefe erhitzt und zer-stört; ein neues Gestein ist dabei entstanden, der Suevit.

Ich finde eine schöne Abendmesse. Viele junge Familien sind da. Die Söhne des Lektors ministrieren, der jüngere ist aufgeregt, aber der ältere Bruder hilft ihm. Es ist das erste Mal, dass er den Altar-dienst verrichten darf und er ist sehr stolz darauf. Nach der Messe treffe ich die ganze Familie vor der Kirche. Ja, sie sind froh, dass sie so eine lebendige Gemeinde haben und mit dem polnischen Pfarrer gut auskommen. Den treffe ich später wieder. Ich muss ihn herausklingeln, da ich meinen Zimmerschlüssel in der Kirche vergessen habe und bald stecken wir mitten in einem Gespräch. Er wirkt viel lebendiger als in der relativen Starre der formalen

Kirchensprache, erzählt von der missglückten Knieoperation und seinen Erfahrungen mit Pilgern. Ein Mann sei nach dem Verlust eines Beines mit Krücken Hunderte von Kilometern unterwegs gewesen. Du meine Güte! Ich beschließe, auf keinen Fall mehr zu jammern, wenn es mal zu heiß, zu anstrengend wird.

---

### Sonntag, 22. August

Und wieder wird es ein heißer Hochsommertag. Schon ab 11 Uhr sticht die Sonne erbarmungslos, die Temperatur auf der Straße liegt jenseits von 40 Grad. Jeder schattenspendende Baum ist eine echte Wohltat! Und auf einmal entdecke ich einen kleinen Badeteich, die Liegewiese mit Bäumen darauf, eingehegt durch eine Hecke: Rucksack weg, Schuhe weg, und ab ins Wasser! Wunderbar, ich will gar nicht mehr weg.

Der Mais steht noch auf dem Feld, überall ist die Weizenernte in vollem Gang. Dort, wo die Ähren noch stehen, knistern sie in der prallen Sonne, ein feines wisperndes Geräusch. Die letzten Kilometer auf der Landstraße in der Sonne sind eine wahre Hitzeschlacht.

In einem kleinen Ort mit dem lustigen Namen Untermagerbein werde ich in einer Privatunterkunft herzlich aufgenommen. Ich komme völlig verschwitzt an. Die Wirtsleute zeigen mir das angenehm kühle Zimmer im Souterrain. „Wissen Sie, eigentlich wollten wir gar nicht mehr vermieten, dafür sind wir doch schon zu alt. Im Internet haben Sie uns gefunden? Ja, wie kommt denn das, wer hat uns denn da reingebracht?" Und nach einigen Minuten des Gesprächs: „So, jetzt müssen wir gehen, wir sind eingeladen und kommen abends wieder. Passen Sie gut aufs Haus auf. Hier ist der Schlüssel. Im Garten gibt es viele reife Tomaten, pflücken Sie nur ordentlich." Ich bin einigermaßen platt über so viel Vertrauen. Der Garten ist ein kleines Paradies, die sonnenwarmen reifen Tomaten schmecken unglaublich gut, im Schatten eines Apfelbaumes schlafe ich ein.

„Durststrecken"

Abends im kleinen Gasthof drehen sich die Geschichten am Nachbartisch um Erlebnisse bei der Jagd. Vier junge Männer sitzen da und erinnern sich an die Saujagd im letzten schneereichen Winter. Abenteuerlich war die Verfolgung des angeschossenen Keilers, der erst am nächsten Morgen gefunden wurde, 120 kg schwer.

Und dann schlägt das Wetter um. Es hat über Nacht geregnet und im Wald mit seinen Nebelschwaden kommt mir der schöne sonnenheiße Garten von gestern ganz unwirklich vor. Die Gastleute haben mir beim Frühstück noch lange erzählt, wie viel Landwirtschaft sie früher hatten, wie sie aber schon in den 70er Jahren bemerkten, dass sie massiv vergrößern müssten, um mithalten zu können. Das haben sie nicht getan, sondern sich auf Gästebewirtung festgelegt. Jetzt sei es für die jungen Leute in dem kleinen Dorf beruflich immer schwieriger.

Eine mächtige Burganlage taucht vor mir auf, die staufische Harburg, die hier als Grenzwächter steht. Das Ries liegt hinter mir, ich bin an seinen südöstlichen Rand gelangt.

Die Burg ist wirklich imposant, auch aus diesem Blickwinkel. Sie sitzt auf einem lang gezogenen Felssporn hoch über dem kleinen Flüsschen Wörnitz, das sich unten im engen Tal entlangwindet. Auf rutschigen Treppen geht es hinab ins Städtchen. In der Bäckerei gibt es Kaffee und frischen Kuchen und nebenbei die Wegbeschreibung bis Donauwörth: Am besten immer auf der alten, wenig befahrenen Straße an der Wörnitz entlang!

Donauwörth, an der Mündung der Wörnitz in die Donau, ist ein malerisches Städtchen. Jetzt im Sommer sind viele Touristen in der Innenstadt. Sogar eine Gruppe Italiener mit bepackten Fahrrädern schiebt sich durch den Ort – so weit im „kalten Norden"!

Ich komme im „Goldenen Hirsch" unter, gegenüber der alten Kirche, die nachts die Horen schlägt. In dem gepflegten alten Gasthof fühle ich mich richtig wohl. Wie anders ist es hier, als in den anonymen Kongresshotels der Großstädte, in denen ich sonst gelegentlich bin. Donauwörth ist eine alte bildungsbewusste Stadt. Sie hat in der Zeit der konfessionellen Auseinandersetzungen unter der kaiserlichen Acht gelitten. In der geschichtsträchtigen Stadt finde ich auch eine Gedenktafel an das vierte Regiment der Hoch- und Deutschmeister, das hier 1696 aufgestellt wurde und bis 1918 bestand – was für eine Geschichte, die da erzählt wird.

Am Morgen geht es an der Schmutter entlang nach Süden. Die Gegend an dem kleinen Flüsschen ist hier eintönig und flach. Viele Maisfelder säumen den Weg. Und hier, nördlich von Augsburg, gehen mir die Wanderwege aus. Zu oft gerate ich an Straßen. Dazu ist das Wegefinden ohne Karte doch sehr mühsam und zeitraubend und zerrt bei mir als Einzelwanderer an den Nerven. In Meitingen am nächsten Tag fahre ich kurzerhand einige Kilometer mit der Bahn nach Augsburg und orientiere mich gründlich. Dann ist der weitere Plan klar: Ich kann dem östlichen Jakobsweg von Augsburg bis nach Kempten folgen. Bewaffnet mit einem kleinen „Outdoor-Führer" verlasse ich Augsburg bei hellem Sonnenschein und folge der Wertach. Dabei werde ich einige Male mit der Frage angesprochen, wie weit ich denn dem Jakobsweg folgen wolle? Das ist mir bisher noch nicht passiert. In den bäuerlichen Gegenden scheint die „neugierige Frage" fast verpönt zu sein; hier in der Handelsstadt ist das offensichtlich ganz anders. Dieses Muster wird mir auch später wieder begegnen. Der wunderlichste Einwand kommt von einem Radfahrer, der neben mir hält: Rom, nein, das sei das falsche Ziel, ich sei im Irrtum, die ganze Kirche sei in einem Irrgarten; das richtige Ziel müsse Jerusalem heißen, wie schon immer während der ganzen Kirchengeschichte.

Die Landschaft ist wenig abwechslungsreich und so laufe ich stetig weiter und eigentlich zu schnell. Aber das merke ich erst später.

In Bobingen übernachte ich in einer Unterkunft, wie es sie für die „Wanderarbeiter" immer zahlreicher gibt. Ein winziges Zimmer, aber mir reicht es. Ich kaufe mir etwas zu essen und sitze im Freien in der Abendsonne neben einigen älteren Männern unterschiedlicher Nationalitäten, die das Leben betrachten. In einem sind sie sich völlig einig: Die Ungerechtigkeit der Finanzämter sei eine Katastrophe und mit dieser „völlig neuen" Erkenntnis schlafe ich bald ein.

Am nächsten Tag früher Aufbruch, denn es soll wieder sehr heiß werden. Der Weg führt weite Strecken durch Nadelwald. Da treffe ich auch einen richtigen Jakobspilger mit einer schönen Muschel um den Hals. Eine Woche will er unterwegs sein. Es ist seine erste große Wanderung und jetzt machen ihm Schuhe und Rucksack der nagelneuen Ausrüstung zu schaffen. Aber unverdrossen folgt er seinem Ziel: Ewald erzählt nur wenig und fragt auch wenig, aber das ist mir ganz recht. Ich merke, wie ich schon wieder in meine typische Helferrolle komme, mein Tempo dem seinen anpasse, ihm beim Umpacken und Anpassen des Rucksacks helfe, Tipps für die Wanderschuhe gebe. Nein, ich will doch lieber wieder alleine wandern. Noch bin ich nicht bereit für Gemeinschaft, wo ich doch noch nicht einmal einen guten Wanderrhythmus für mich selbst gefunden habe: Manchmal bin ich zu schnell unterwegs, dann wieder sind erschöpfte Tage dabei. Das gleichmäßige Vorankommen gelingt einfach nicht.

Da verliere ich unabsichtlich den Weg, verlasse den Wald und sehe unvermittelt vor mir das Wettersteingebirge mit der Zugspitze. Was für ein gewaltiger Anblick nach dem langen Fußmarsch! Zum ersten Mal die Alpen in greifbarer Nähe! Und bald werde ich mittendrin im Gebirge sein! Die Vorfreude ist riesig und kribbelt richtig in den Beinen.

Birkach, Kirchsiebnach, Konradshofen, der Weg geht durch das wellige Voralpenland und es wird wieder heiß. An einem Bauernhof fülle ich die Wasserflasche auf. 200 Meter entfernt steht eine winzige Andachtskapelle, schön renoviert, die Jakobsmuschel der Pilger als gebrannte Kachel an der Außenseite. Im Inneren ist ein Blatt aus einem Journal mit einem Reißnagel aufgehängt:

*Auszeit*

*Eine Auszeit nehmen, um den Wert der Zeit kennenzulernen,*
*ist das Muster für das ganze Leben!*

*Nimm dir Zeit zu lesen – es ist die Grundlage für Weisheit.*
*Nimm dir Zeit nachzudenken – es ist die Quelle der Kraft.*
*Nimm dir Zeit zu spielen – es ist das Geheimnis, um jung zu bleiben.*
*Nimm dir Zeit, still zu sein – es ist eine Gelegenheit, Gott zu suchen.*
*Nimm dir Zeit, freundlicher zu sein – es ist der Weg zum Glück.*
*Nimm dir Zeit zu träumen – daraus besteht die Zukunft.*
*Nimm dir Zeit zu beten – es ist die größte Macht auf Erden.*

(Schwester Ancy Mathew, Indien 2007/08)

„Kirchen – Zeichen am Weg"

Mittagspause in Kirchsiebnach, im „Füchsle". Draußen vor dem kleinen alten Gasthof stehen Bänke im Schatten, Ausflugsbetrieb mit Radlern. Ich setze mich zu einem älteren Mann an den Tisch; man sieht ihm den entschlossenen Macher sofort an. Wieder ergibt sich solch ein Gespräch, das schnell sehr persönlich wird, so wie es eigentlich nur zwischen Fremden möglich ist. Er sagt mir, dass zu viel Geld unglücklich machen kann. Er habe immer viel gearbeitet als Unternehmer und die Zeit für die Kinder nicht aufgebracht, als sie diese brauchten; so sieht er das jedenfalls heute. Und jetzt ist einiges kaputt gegangen und lässt sich nicht mehr reparieren. Und das macht ihm immer wieder zu schaffen.

Am Nachmittag überredet mich die Wertach zu einem Bad. Es ist heiß und das schnell fließende, klare Wasser ist gar zu verlockend. Am Rand treibe ich einfach in der starken Strömung, bis ich richtig abgekühlt bin. Was für ein Traum!

Am Abend in Ettringen stelle ich fest, dass ich wieder deutlich über 40 km zurückgelegt habe. Der Gasthof „Rauch" ist viel zu komfortabel für meine Vorstellungen, aber dann gönne ich mir ein großartiges Abendessen und genieße es in aller Ruhe!

---

*Freitag, 27. 8.*

Heute kommt also die Quittung für meine unstete „Rennerei" bei der Hitze. Ich habe mir eine Verletzung am Unterschenkel eingefangen, bin anscheinend zu schnell und zu lange gewandert, dazu viel zu viele Kilometer auf hartem Asphalt. Und jetzt schmerzt jeder Schritt, jeder Tritt sticht im Unterschenkel.

Aber erst einmal geht es am Morgen frisch los. In der Nacht hat es geregnet und abgekühlt. Über Türkheim und Bad Wörishofen geht es bis nach Markt Rettenbach. Hier gibt es eine schöne Jakobuskirche. Dort im Pfarrhaus, wo ich mir einen Pilgerstempel abholen will, treffen wir den Pfarrer und einen Kirchenvorstand. Sie zeigen uns die Kirche. Das Deckenfresko zeigt die Enthauptung des Jakobus in Jerusalem, vor der Kirche ein Brunnen mit einer Bronzeplastik des Apostels. Die Inschrift ist das Motto aller Pilger: „Nur eine Nacht an einem Ort". Den Tag sind wir zu zweit gewandert. Einen Jakobspilger traf ich unterwegs. Er will in Wochenetappen den ganzen Weg bis nach Santiago de Compostela laufen. Wir unterhalten uns lange und gut und suchen gemeinsam eine Unterkunft. Und dann schlägt die Verletzung zu: Die letzten Kilometer sind richtig schmerzhaft. Jeder Schritt zieht und sticht und so humpele ich zuletzt nur noch mühsam.

---

*Samstag, 28. 8.*

Am nächsten Morgen schmerzt der Unterschenkel weiter und ist richtig geschwollen, dazu regnet es. Dennoch brechen wir gemeinsam auf und kommen durch Ottobeuren bis nach Bad Groenenbach. Dann reicht es mir mit der mühsamen Humpelei. Wir trennen uns und ich rufe Freunde in Kempten an. Sie holen mich ab und nehmen mich für einige Tage auf. Das Bein würde auch keine großen Tagesetappen mehr erlauben. Ich bin mir in der Diagnose ziemlich sicher: Ein Schienbeinkantensyndrom, wie es aus dem Langstreckenlauf bekannt ist, typische Überlastung, so etwas kannte ich bisher nur aus den Berichten anderer Läufer. Wie lange wird es wohl dauern? Wie soll ich so über die Alpen kommen? Wie groß ist eigentlich meine Belastbarkeit? Ist das ein Schuss vor den Bug, das ich mich übernommen habe?

Gerade jetzt ist hier im Allgäu eine echte Schlechtwetterperiode, es regnet Tag und Nacht. Und so ruhe ich mich aus und warte auf Cornelia. Wir haben einen festen Termin ausgemacht, an dem wir gemeinsam auf dem E5 starten wollen: Von Oberstdorf nach Meran.

Auch nach ein paar Tagen schmerzt noch immer jeder einzelne Schritt. Aber aufgeben? Nein, die Idee kommt mir gar nicht. Also gut, dann nutze ich die Zeit eben und schaue mir die weitere Strecke etwas genauer an. Draußen stürmt es und der Regen peitscht gegen die Fenster; was für ein Glück, dass ich gerade jetzt hier bei meinen Freunden bin. Große Dankbarkeit!

Planung im Internet für die Zeit in Italien. Bisher hatte ich nur ungefähr die Machbarkeit der Strecke gesehen und die Route festgelegt: Bologna–Florenz auf dem „Götterweg", dann von Florenz auf dem „Franziskusweg" bis Assisi und weiter in Richtung Süden bis Subiaco. Aber enden soll die Reise in Rom. Beim Stöbern, Surfen und Klicken finde ich auch die Seite „Deutsches Pilgerzentrum" in Rom. Einmal in der Woche, immer mittwochs, gibt es die Generalaudienz in Rom. Warum soll ich da eigentlich nicht hin? Nach einigem Rechnen melde ich mich per E-Mail für die Papstaudienz am 10. November an:

Ich hätte gerne eine Eintrittskarte, komme zu Fuß, sei zwar noch etwas entfernt, aber ganz optimistisch, den Termin einhalten zu können, ob sie mir bitte eine Karte reservieren könnten. Ein Klick – abgeschickt! Ein bisschen verrückt, oder? Draußen stürmt es und es regnet weiter heftig, aber auf einmal leuchtet dieser „Termin" wie ein funkelnder Stern als Zielpunkt in der Ferne.

*Zwischendurch lese ich „Mein Franz" von Nikos Kazantzakis. Nicht unumstritten war das Buch bei seinem Erscheinen, die Kirche rieb sich daran. Das Leben des Franziskus wird ganz plastisch und voller Bilder aus der Sicht seines Begleiters, Bruder Leo, in einer Radikalität beschrieben, die schier unerträglich ist. Diese bedingungslose Hingabe und*

*Selbstkasteiung bis hin zur Qual, dieses kompromisslose Teilen, auch*
*noch des letzten Restes Brot, sobald Franz meint, seinem Gegenüber*
*gehe es noch schlechter, als ihm selbst. Und was sei schließlich ein biss-*
*chen Hunger? Bruder Leo ist ganz verzweifelt. Und dann singt Franz*
*immer wieder in einer Fröhlichkeit, kaum, dass er nicht mehr klatsch-*
*nass und völlig erschöpft auf der Wanderung durch Umbrien ist. Wie*
*kann das zu einem Vorbild werden? Wie können wir durchschnittliche*
*Menschen heute damit leben, herausgefordert von dieser Trilogie: Armut –*
*Friede – Liebe? Wie soll das auf das tägliche Leben sinnvoll abfärben?*

*Und wenn die innere Unruhe aufkommt, wie jetzt bei peitschendem*
*Dauerregen und heulendem Wind, wenn die Gedanken über die Sinn-*
*losigkeit oder den Sinn der ganzen langen Pilgerfahrt aufsteigen, dann*
*drängt es den modernen Menschen in mir zum Telefon. Aber wie viel*
*eher – wenn der Entschluss doch schon fest steht – hilft eine ruhige Be-*
*sinnung und der Gedanke, dass einzig der nächste Schritt wichtig ist*
*und eben nicht der „durchgeplante Überblick" über die ganzen Monate*
*der langen Reise. Dennoch: manchmal erscheint mir mein ganzes Vor-*
*haben reichlich verrückt.*

*Und wie mich der Weg bisher schon verändert hat! Ich habe mir im Ernst*
*einen Rosenkranz gebastelt und hier einige Gesätze aufnotiert, dazu die*
*Gebetsregeln angeschaut. Ich und Rosenkranz, das war früher immer*
*völlig abseitig und unmöglich, völlig altmodischer Kram! Aber unter-*
*wegs in den langen Stunden, allein, macht der Kopf und der Geist, was*
*er will und die einfachen stillen Wiederholungen von „Ave Maria" und*
*„Vater unser" passen zum Unterwegssein, zu der ruhigen stillen Ver-*
*fassung des einsamen, wortlosen, stundenlangen Wanderns. Sie passen*
*zu dieser Wirklichkeit weit besser für mich, als ein Knopf im Ohr mit*
*Musik. Aber es hat gedauert: Mühsam wird unterwegs Schicht um Schicht*
*der „angehäufte Müll" des Alltagstrotts weggeräumt mit all den ver-*
*meintlichen Notwendigkeiten vom ständigen Nachrichtenhören bis zur*
*schnellen Mobilität. Ist es vielleicht, weil diese Wiederholungen im Gebet*
*einen völlig zeitlosen Strom des meditierenden Gebetes darstellen? Ist es*
*vielleicht, weil dieses ruhige Wandern den Kopf, das Gehirn einfach in*
*eine ganz andere Schwingung versetzt? Trifft sich hier der agnostische*

*Weitwanderer völlig problemlos mit dem gläubigen Pilger, weil beide im Wandern so etwas wie Transzendenz erfahren, eine stille Fläche der Wirklichkeit, die im hektischen normalen Alltagsgetriebe schlicht und einfach nicht erfahrbar ist?*

# Zu zweit über die Alpen

Aufbruch aus Kempten und Abschied von den Freunden. Michael will mich noch einen Tag begleiten. Wir fahren mit der Bahn bis nach Fischen und wandern über die Gaisalpe in Richtung Oberstdorf. Das Wetter ist wieder richtig schön und die Wiesen leuchten in dem typisch saftigen Grün des Allgäus, die ganze Landschaft strahlt wie frisch geputzt nach dem langen Regen. Kapellen am Weg laden zum kurzen Besuch ein. Und im Hintergrund steigen die schneebedeckten Berge der Allgäuer Alpen auf, schneebedeckt bis fast ins Tal nach dem miserablen Wetter der letzten Tage und viel zu früh für die Jahreszeit; schon morgen wollen wir dort hinauf!

In Oberstdorf trennen wir uns, ich gehe zum Hotel und bin froh, als ich ankomme – das Bein macht mir immer noch Probleme. Auch nach dieser kurzen Tour macht es sich heftig bemerkbar, bergab deutlich mehr als bergauf. Wie wird das bloß morgen in den Alpen sein? Aber irgendwie muss es doch gehen. So lange schon haben wir uns auf die gemeinsame Alpenüberquerung gefreut. Jetzt aufgeben? Das kommt doch überhaupt nicht in Frage.

Abends humpele ich zum Bahnhof, um Cornelia abzuholen. Sie schaut ganz besorgt, als sie meinen Schritt bemerkt und die „Krankengeschichte" hört. Wir machen uns einen schönen Abend und bleiben optimistisch; irgendwie wird es morgen schon gehen.

Heute geht es nur bis zur Kemptener Hütte (1846m), ein typischer Hüttenanstieg von 1000 Höhenmetern, wie wir ihn gut kennen. Das heben wir uns für nachmittags auf und gehen noch ein wenig die Ausrüstung ergänzen. Vor dem Anstieg essen wir allerdings noch etwas und sehen an den weiteren Tischen verschiedene Wanderer. Wir schauen uns um und kommen zu dem Schluss, dass noch andere Paare vermutlich ähnliches wie wir vorhaben. Dann geht es los auf dem gut beschriebenen E5, einem uralten Alpenvereinsweg: „Erbaut von der Sektion Allgäu-Kempten des Deutschen und Österreichischen Alpenvereins", wie ein Schild verrät. Es geht über den wolkenverhangenen Talschluss, die Spielmannsau aufwärts über eine Steilstufe, vorbei an vielen kleinen Wasserfällen, die wir passieren müssen. Und das Bein macht im Steigen viel besser mit, als erwartet! Große Erleichterung!

Ab 1700 m stoßen wir auf den ersten Schnee, die Wolkendecke wird zum Nebelmeer und Schneeregen begleitet uns bis zur Hütte – und das Anfang September! Die Pfade sind matschig, aber der Anfang ist gemacht. Auf der „Kemptener Hütte" treffen wir wieder bekannte Gesichter, aber es ist noch zu früh für längere Gespräche.

„Über die Alpen – im Parseier Tal"

Nach der Nacht im komfortablen Sechs-Bett-Zimmer brechen wir früh auf und beginnen jenseits der Mädelescharte (1978 m) mit dem Abstieg nach Holzgau ins Lechtal. Jetzt sind wir mitten in den Alpen, die erste Bergkette liegt hinter uns, kein entfernter Straßenlärm stört mehr, keinerlei Hintergrundgeräusche der Zivilisation dringen herauf. Auf der Roßgumpenalm gibt es einen Kaffee. Mir fällt ein Kreuz neben der Hütte mit dem Zitat aus „Johannes" auf: „Ich bin der Weg, die Wahrheit und das Leben". Als wir den jungen Hüttenwirt fragen, erzählt er uns eine lange Geschichte, wie es zur Bewirtschaftung dieser Hütte kam. Eine lange Auseinandersetzung unter Nachbarn, fast ein Dorfkrieg, endet mit einer Gerichtsverhandlung, und als dann wieder Frieden einkehrt, errichten sie dieses Wegkreuz. Der Weg ist still und friedlich im Hochwald. Einzeln stehende Lärchen haben im Lauf der Zeit den Boden mit ihren Nadeln gepolstert. Unsere Schritte sind unhörbar, dazu fallen Sonnenstrahlen schräg durch die Bäume, wir sind einfach nur begeistert von dieser Strecke.

Der Reiseführer empfiehlt in Holzgau eine kurze Fahrt mit dem Taxi ins Parseiertal, um eine Strecke entlang der Straße abzukürzen. Rasch findet sich eine Fahrgemeinschaft und los geht es. Als der VW-Bus auf der Schotterstraße in Serpentinen nach oben schießt, bedauern wir schon, den Weg nicht gegangen zu sein. Und da, plötzlich öffnet sich ein wunderschönes Hochtal: Ein breites Flussbett voller Kiesel und Geröll, das die gesamte Talsohle einnimmt. Sofort am Rand steigen Nadelwälder steil auf, ein Bild wie aus Kanada.

Der Aufstieg zur „Memminger Hütte" geht steil hinauf, wir schwitzen in der Sonne, die Latschenkiefern speichern die Sonnenglut. Jäger mit Hunden begegnen uns, auf dem Rücken einen mächtigen, erlegten Steinbock, der uns aus gebrochenem Auge anschaut, eine merkwürdige Situation. Und rascher als gedacht, haben wir die 800 Höhenmeter überwunden und sind auf der Hütte auf 2242 m Höhe mitten im Hochgebirge.

*Jetzt gibt es doch Zeit für Gespräche: Maria und Franzi, zwei Münchner Studentinnen, sind auf dem E5, ebenso wie Sabine und Robert, Berufstätige aus München, die sich auch Zeit für die Alpenüberquerung genommen haben. Wir treffen sie später immer wieder.*

*Aus einem Stück alter Latschenkiefer habe ich am Nachmittag für Cornelia ein Tau geschnitzt. Das Tau aus dem Kloster Schöntal ist auf der Kemptener Hütte geblieben.*

Nach einem faulen Nachmittag gehen wir am Abend auf den Hausberg der Hütte, den „Seekogel". Wir haben einen prächtigen Ausblick und zu unserer Überraschung sehen wir mehrere Steinböcke zum Greifen nah friedlich beim Äsen. Anscheinend fühlen sie sich sehr sicher. Sie sind hier angesiedelt worden und stehen unter Schutz, erzählt der Hüttenwirt.

---

## Montag, 6. September

Wieder brechen wir früh morgens auf und steigen zur Seescharte auf. Schnee erwartet uns, hart gefroren, es ist richtig kalt und eisig an diesem Morgen bei diesem nordseitigen Aufstieg bis auf 2599 Meter hinauf. Wir überholen dabei auch eine Gruppe, die noch früher gestartet ist. Der Bergführer steigt mit großer Geduld und Ruhe voran.

In der Scharte wechselt das Klima abrupt von einem Moment auf den anderen. Gerade war es noch diesig und kalt und jetzt: Sonne mit großer Wärme begrüßt uns von Süden her, der Himmel ist blau und wolkenlos und zu unseren Füßen liegt ein strahlend weißes Nebelmeer, das aus dem Inntal ins Patsoltal reicht, in das wir jetzt absteigen wollen. Wir genießen die Wärme und den Ausblick, stopfen den warmen Faserpelz in den Rucksack und trinken etwas. Die warmen Klamotten haben ausgedient. Und jetzt warten 1700 Höhenmeter Abstieg auf uns, das wird in die Knie gehen!

„Hinab ins Inntal"

Es ist ein wunderschöner Weg, an riesigen Schutthalden vorbei, durch Latschenkieferwälder, stellenweise auf schmalen Stegen. Aber es zieht sich, irgendwie endlos geht es dahin, das Inntal ist schon lange unter uns zu sehen und will doch nicht näher kommen, die Sonne brennt, das Bein schmerzt jetzt wieder bei jedem Schritt; einfach weitergehen, schwitzen und durchhalten. Dann grüßt auch noch ein Wegkreuz aufmunternd: „Jeder Weg hat mal ein Ende", na toll. Und dann kommen wir doch in Zams im Inntal an, unweit von Landeck. Der E5 führt unter der Autobahn hindurch. Sie ist hier mit Lärmschutzwänden mächtig verbaut. Eine kleine moderne Kapelle begrüßt uns auf der anderen Seite, davor ein Brunnen mit klarem, kaltem Wasser, herrlich! Der lebhafte Ort mit Autoverkehr und vielen Menschen verwirrt uns etwas. Aber einen Kaffee trinken wir noch hier. Dann ein kurzer Aufstieg zur „Zamser Skihütte"; hier bleiben wir heute Nacht.

*Dienstag, 7. September*

Wetterwechsel: Nebel und Nieselregen am nächsten Morgen. Wir kommen bis zum Krahberg, dort stürmt es aber derart am Kamm, dass wir einen tiefer gelegenen Weg hinab ins Pitztal nehmen müssen. Auf dem geht es durch eine schöne Hochmoorlandschaft, die violett blüht und schimmert; stellenweise müssen wir über lange Plankenstege, dann aber wieder durch den vertrauten Fichtenhochwald hinab bis in den Ort. In Wenns im Pitztal gegenüber der alten Kirche machen wir Rast, nehmen einen Postbus für ein paar Kilometer ins Tal hinein und wandern gemütlich bis zum Talschluss. Dort soll heute das Ziel sein.

*Im Postbus treffen wir noch einmal Maria und Franzi. Wir kommen wieder ins Gespräch, es geht um Massentourismus und den Beiden besonders um die Schwierigkeit authentisch zu bleiben, sich nicht von Werbung und Marketing den Lebensstil vorschreiben zu lassen. Sie sind skeptisch, ob das möglich ist, wenn doch in der digitalen Welt alles kopierbar sei. Das ist für sie auch ein Antrieb zu Fuß und möglichst einfach unterwegs zu sein. Ich bin nicht so pessimistisch und erinnere an große Gestalten durch die Jahrhunderte, die zu ihrer Zeit für Aufbrüche gesorgt haben. Das gibt es doch immer wieder. Jetzt gerade fällt mir Rupert Neudeck ein, der sich mit seinen Grünhelmen für die Menschen an prekären Orten einsetzt und das aus tiefer christlicher Überzeugung. So gibt es doch viele Menschen, die unbeirrt ihrem Gewissen folgen und Gutes tun.*

Längst hat das Unterwegssein unser Tempo verändert. Wir haben Zeit, unterhalten uns viel oder hängen unseren Gedanken nach. Ulkige Namen fallen uns auf: Dass es ein „Verpeiljoch" hier gibt, klingt ja fast wie ein Zugeständnis an niederländische Gäste.

Der Fortschritt hat seine guten Seiten. Beim Verlegen von Kanalisationsrohre und Elektrokabeln ist auch ein neuer Wanderweg entlang der Pitze entstanden, den wir jetzt gehen können. Eine winzige alte Kapelle steht an der Straße. Als wir die Tür öffnen, finden wir tatsächlich eng gestaffelt Bankreihen rechts und links, nach alter Art die Frauen- und die Männerseite getrennt zur Andacht. Vielleicht 16 bis 18 Menschen finden hier dicht gedrängt Platz auf vielleicht acht bis zehn Quadratmeter. Das Kapellchen zeigt eine ganz eigenartige und dichte Atmosphäre.

Hinter Mittelberg liegt im Talschluss auf 1750 Meter Höhe der alte Gasthof „Steinbock". Jetzt im Sommer herrscht ruhiger Ferienbetrieb. Die ein wenig entfernten Bahnanlagen geben ein lebhaftes Bild, wie es im Winter sein muss, wenn die Skifahrer in großer Zahl zum Gletschergebiet transportiert werden. Unser Zimmer unter dem Dach ist urgemütlich. Unsere Wäscheleine zieht quer durch den Raum, die Wäsche trocknet – Zeit zum Lesen und Schreiben bis zum Abendessen.

Und heute in die 3000er! Es ist kühl und verhangen, als wir losziehen. Die Hänge sind bedeckt mit blühendem Heidekraut, ganze Teppiche in violett. Zwei Pfade gehen zur Braunschweiger Hütte. Wir wählen den Jägersteig. Steiler soll er sein, aber viel schöner in der Aussicht, haben uns Männer gesagt, die hier Straßenarbeiten machen. Das stimmt! In derart steilen Kehren geht es 1000 Höhenmeter aufwärts, dass man dem darunter Steigenden direkt auf den Scheitel schauen kann. Es beginnt zu nieseln, aber bei diesem Anstieg ist es fast egal, wovon man nass wird, vom Schweiß oder vom Regen, die modernen Klamotten lassen die Nässe eh schnell verdampfen.

Die Braunschweiger Hütte wird gerade umgebaut und erweitert. Sie ist fast 120 Jahre alt und wurde schon 1892 als alpiner Stützpunkt auf 2759 Metern gegründet, um die Ötztaler Alpen mit den bekannten Dreitausendern wie der Wildspitze für die Bergsteiger zu erschließen. Mittlerweile kommen auch viele Tagesgäste. Sie kommen mit der Bahn von Mittelberg und haben nach einer kurzen Querung ohne Anstrengung diesen hohen Stützpunkt erreicht. Das spürt man natürlich auch in der Hüttenatmosphäre. Ein Zugeständnis an den Zeitgeist: Ohne eigene Anstrengung ist es möglich so hoch in die Alpen zu kommen. Cornelia und ich fühlen uns gestört und machen noch einen Ausflug.

Wir gehen zum Pitztaler Jöchl und auf einen kleinen Gipfel über 3000 Meter Höhe (jetzt haben wir unseren 3000er!), dann aber treiben uns Regen und Nebel rasch wieder zur Hütte zurück. Jetzt sind die E5-Gruppen gekommen und besetzen die großen Tische, die Tagesgäste sind verschwunden. Fast werden die Einzelwanderer verdrängt, aber dann haben wir doch einen gemeinsamen Tisch und auch Gespräche und Kontakte zu Gruppenwanderern.

*Ganz unterschiedlich sind ihre Eindrücke. Schwer erschöpft sind Einzelne und tief beeindruckt von den Bergen. Hierher hätten sie sich alleine nie getraut. Nur wenige haben viel Bergerfahrung. Einer sagt mir ganz offen: Ob ich das schaffe, weiß ich nicht, mal sehen, wie weit ich komme. Manche wollen sich einfach beweisen, dass sie aus eigener Kraft noch Strecken überwinden können. Es ist ein Ausbruch aus der städtischen Bürowelt, das gewohnte Fitnessstudio allein reicht nicht als körperliche Erfahrung. So ist der E5 als Alpenüberquerung sehr populär geworden. Viele Menschen buchen die Alpenüberquerung im Paket. Ein Bergführer erzählt, dass er 20 Mal die Strecke in der Saison macht.*

## Donnerstag, 9. September

Schnee, richtiger Neuschnee, 15 cm hoch, hat über Nacht eine Winterlandschaft gezaubert, wo gestern noch Fels und Schotterhänge waren. Der Hüttenwirt warnt uns gleich, dass der Abstieg über das Jöchl jetzt unpassierbar sei. Wir ziehen uns also wärmer an, Mütze, Handschuhe, dazu die Gamaschen gegen nasse Füße, dass der Schnee nicht von oben in die Schuhe eindringt und gehen los. Bald überholen wir die Gruppe, die als erste losgegangen ist. Sie kommt nur mühsam auf dem rutschigen, überschneiten Pfad vorwärts. Der Bergführer bahnt geduldig den Weg. Dann sind vor uns keine Spuren mehr, ein wunderschönes leises Steigen, auch wenn Wetter und Sicht am frühen Morgen noch sehr schlecht sind. Der Schnee schluckt alle Geräusche, es ist still ringsum. Das Pitztaler Jöchl ist tief verschneit, also stapfen wir weiter zum Rettenbachjoch und finden dort den Abstieg entlang einer Skipiste. Nach einiger Zeit kommen wir zum Skizentrum Rettenbachjoch, jetzt befinden wir uns wieder mitten in der modernen Skiwelt. Hier ist der Stützpunkt des Österreichischen Skinationalteams. Und hier treffen wir erneut auf Wandergruppen.

*Wir nutzen die Moderne und gehen in die Cafeteria. Beim Bezahlen sieht die Kassiererin meine kleine Ignatius-Plakette, die ich aus der Hosentasche gezogen habe. Was das sei? Ich sage ihr kurz, dass mir der Heilige sehr wegen seines Mottos gefällt: Gott suchen und finden in allen Dingen. Genau, meint sie, aber in allen Dingen, das ist der Weg, der hilft, das sei ihre Erfahrung. Und sie wünscht uns beiden eine gute weitere Wanderung.*

Sie haben hier oben sogar den Berg angebohrt, um eine Verbindung zwischen den Gletschern zu schaffen. Die Tunnelpassage im Taxi (hier oben ist alles möglich!) bringt uns zum Tiefenbachferner, dann entscheiden wir uns für einen einsamen Weg zur Gaislachalm. Die Gruppen ziehen weiter in Richtung Schnalstal. Wir haben einen überschneiten Steig ohne Spuren vor uns, der Wolkennebel verschluckt uns, es ist einsam, ganz still und gleichzeitig, trotz der Lebensfeindlichkeit, atemberaubend schön.

Dann taucht nach der öden Schnee- und Felslandschaft das erste Grün auf; immer wieder reißen die Wolken auf und geben den Blick auf verschneite Berge frei: Über dem Venter Tal thront der Talleit (3408m); er ist in der Silhouette dem Matterhorn ähnlich. Bei der Gaislachalm machen wir eine lange Pause und entdecken plötzlich zwei Steinadler im Flug, ganz ohne Zweifel am Flugbild zu erkennen und sehr beeindruckend. Und der Hüttenwirt bestätigt, dass hier Adler nisten.

Jetzt haben wir Zeit und wandern gemütlich über grüne Wiesen mit Sonnenflecken und zunehmender Wärme hinab ins Gurgeler Tal und das obere Ötztal. Das Panorama mit den verschiedenen Tälern ist wunderschön, wir können schon sehen, wo morgen der Weg zum Timmelsjoch hinauf führen wird. Aber nun geht es nach Zwieselstein. Dort gibt es eine DAV Selbstversorgerhütte, genau richtig für uns. Warmer Sonnenschein empfängt uns und grüner Rasen rund um die Hütte – was für ein Kontrast zum frostig kaltem Tagesbeginn!

Der Aufstieg zum Timmelsjoch verläuft auf der nordöstlichen einsamen Talseite. Die bekannte Passstraße schwenkt weit nach Süden ab und ist bald nicht mehr zu hören. Dafür sorgt schon der rauschende Timmelsbach. Wieder wird die Natur nach und nach öde und steinig, je höher wir kommen, es weht ein kalter Wind. Wir steigen langsam und stetig.

Dann die Rast auf der Passhöhe, wo wir wieder auf die Straße stoßen. In der kleinen Wirtschaft drängen sich die Touristen, viele Motorradfahrer, freundliche Menschen, aber uns zieht es weiter hinab ins Tal und nach wenigen Metern sind Straße und Menschen vergessen. Dafür kommen wir an einem düsteren, bereits verfallenen Gebäude mit schwer vergitterten Fenstern und typisch italienischen Baustil vorbei. Es erinnert an die schwere Zeit, als Tirol nach dem Ersten Weltkrieg geteilt wurde und hier die „carabinieri" die neue Grenze überwachen sollten. Tempi passati!

Mit jeden 50 Höhenmetern bergab wird es wieder spürbar wärmer. Plötzlich entspringen kleine Quellen aus den ersten Wiesenflecken; es ist das Quellgebiet der Passer, die uns ab jetzt lange begleiten wird und die diesem Tal den Namen gegeben hat. Am Weg treffen wir wieder Sabine und Robert und wandern ein Stück gemeinsam, erzählen und freuen uns an dem wunderschönen Wanderweg. Terrassenartig sind die Bergwiesen angelegt, darüber ragen die Felsspitzen und immer mehr Bergbauernhöfe können wir sehen.

In Rabenstein im Gasthof „Trausberg" gibt es einen Kaffee. „Warten Sie ein wenig, dann macht mein Mann Ihnen noch eine Biskuitrolle dazu!" Eine freundliche Einladung, das war für Cornelia und mich das verlockende Zeichen, heute hier zu bleiben. Robert und Sabine ziehen weiter talwärts.

Im Winter ist Rabenstein oft tagelang wegen des Schnees nicht zugänglich und von aller Welt abgeschnitten, ganz auf sich allein gestellt. Leicht wird das Leben hier nicht sein. Aber jetzt im Sommer ist es einfach nur wunderschön hier im oberen Passeiertal.

Wieder haben wir herrlich ruhig geschlafen, aber das ist kaum noch eine Besonderheit. Das gleichmäßige Leben, das tägliche Wandern; längst sind die Probleme entweder im Gespräch bewältigt oder einfach in weite Ferne gerückt, dazu kommen die freundlichen Begegnungen mit den Menschen, alles führt zur inneren Ruhe und abends zu tiefem Schlaf.

Talabwärts an der Passer entlang. Kalt ist es an diesem klaren sonnigen Morgen. Mächtige Verbauungen imponieren uns. Tafeln am Weg berichten von Naturkatastrophen. So hat es nach Bergstürzen im 15. Jahrhundert durch Felsblockaden vorübergehend sogar einen See hier gegeben, der immer wieder ausbrach und zu zerstörerischen Überschwemmungen im Passeiertal bis nach Meran führte. „Kummersee" hieß er deshalb.

Mehrere Tafeln am Weg erinnern an Dr. Joseph Ennemoser, der 1787 hier geboren wurde und ein bewegtes Leben führte: In den Befreiungskriegen kämpfte er mit den Tiroler Schützen selbst in Lauenburg an der Elbe gegen napoleonische Truppen, war später Arzt und Wissenschaftler in Bonn und München und wurde 1854 am Tegernsee begraben. Mobilität auch damals.

An Moos vorbei wandern wir jetzt am südseitigen Berghang, die Mittagssonne wärmt nicht nur, sie bringt uns richtig zum Schwitzen. Wie rasch die Bedingungen wechseln, dass die körperliche Erinnerung vom Vortag schon fast unglaubhaft wirkt: Schnee, Neuschnee und Wolkentreiben, 0° C an der Braunschweiger Hütte, 3° C kalter Wind am Timmelsjoch, Handschuhe, und jetzt sommerliche Wärme bei der Rast. Die Eidechsen huschen an den dicken Wurzeln der Bergkiefern entlang; ein Kampf unter einer Baumwurzel: Eidechse gegen eine riesige schwarze Spinne – Die Spinne verliert.

„Oberhalb von St. Leonhard in Südtirol"

Die ersten Edelkastanien tauchen auf: Boten des Südens!

Gegenüber sehen wir die Texelgruppe, die nicht so steil auf-ragt und einen breiten Waldgürtel mit großem Tierreichtum hat. Im Hintergrund sehen wir noch einmal die Ötztaler: Hochfirst mit der Silberschulter und die Hochwilde; jetzt sind sie schon unwirklich fern.

Wir entdecken das kleine Kirchlein St. Hippolyt oberhalb eines alten Berghofes, erbaut an einer einzigartigen Aussichtsstelle. Das ganze untere Passeiertal bis nach St. Leonhard und Meran ist von hier zu überblicken, ein idealer Ausguck. Ein alter Mann vom Bergbauernhof gibt uns den Schlüssel zur Besichtigung des freskengeschmückten Kircheninneren. Wie lange der Hof hier schon besteht, frage ich; er schaut mich lange an und meint dann: „Schon immer!" Verblüffende Antwort, aber das kann gut sein, denn jeder, der das Tal beherrschen wollte, wird an dieser Stelle einen Wehrhof unterhalten haben.

Der Abstieg von 1000 Meter Höhe nach St. Leonhard ist sehr lang, wir passieren mehrmals die Serpentinen der Timmelsjochstraße. Dabei treffen wir auch wieder Mitwanderer, die Münchner Studenten Bärbel und Korbinian, die bis zum Gardasee wollen. Gemeinsam gehen wir nach St. Leonhard und finden im „Sonnhof" eine schöne Unterkunft. Gerade rechtzeitig, denn jetzt meldet sich Cornelias rechter Oberschenkel und verlangt nach einer Pause. So bleiben wir einen Tag hier und ruhen aus.

## Sonntag, 12. September

St. Leonhard wurde als Pfarrei 1116 gegründet. Chorherren vom Deutschen Orden versorgen seit bald 800 Jahren die Pfarrei; sie reichte früher vom Timmelsjoch bis zum heutigen Schenna. Ein Pilgerhospiz lag hier an der Straße und nahm die kranken Pilger auf. Am Vormittag feiern wir den Gottesdienst mit, dann sprechen wir den Pfarrer an und fragen wieder nach einem Stempel für den Pilgerausweis. Am Sonntag geht es im uralten Pfarrhaus hoch her, viele Besucher sind da, die beiden Mönche wirken leicht gestresst. Wir erfahren, dass sie heute noch weit fahren müssen und einen langen Tag haben, um die Gottesdienste in den oft abgelegenen Teilen der Pfarrei zu halten, und so haben sie nur wenig Zeit für Gespräche. St. Leonhard ist auch der Geburtsort von Andreas Hofer und auf dem Friedhof entdecken wir das Grab seiner Ehefrau: „Hier ruht in Gott die ‚Sandwirtin' Anna Ladurner, Andreas Hofers Weib".

## Montag, 13. September

Nach einem nächtlichen Gewitter hat es abgekühlt und jetzt regnet es auch noch kräftig. Auf der anderen Talseite wandern wir jetzt weiter auf dem Meraner Höhenweg bis Algund. Der Weg zieht sich, Cornelias Bein schmerzt und wir sammeln wieder

Höhenmeter. Einmal kommt uns auf schmalstem steilem Steig eine Kuhherde entgegen, die von der Alm zu Tal getrieben wird. Nie hätten wir den Kühen diese „Geländegängigkeit" zugetraut. Magdfeld sollte heute unser Quartier sein, es ist überraschend geschlossen; eineinhalb Stunden entfernt ist der Brunnerwirt offen, bis dahin müssen wir also noch. Ob das mit dem schmerzenden Oberschenkel noch geht? Am Ende sind aus der „leichten Höhenwegwanderung", wie wir sie uns heute vorgestellt haben, sieben Stunden mit 1100 Höhenmetern geworden, aber so ist Südtirol. Wir sind glücklich, als wir endlich ankommen.

„Auf dem Meraner Höhenweg"

Wir sind die einzigen Gäste auf der Hütte. Der Wirt bekocht uns und erzählt am Abend von der Geschichte des Passeiertales. Seine Mutter habe unter dem Sprachverbot sehr gelitten. Deutsch sei in der Schule ab 1920 nicht mehr erlaubt gewesen, so habe sie kaum etwas gelernt. Mit den Ötztalern habe es immer eine gute Verbindung gegeben, mit den Tirolern im Inntal nicht so: „Das ist ein anderes Volk". Er hat selbst noch Schafherden übers

Timmelsjoch ins Ötztal getrieben. Jetzt bestätigt er unsere Vermutung zu den vergitterten Fenstern am verfallenen Haus am Timmelsjoch. Immer waren die süditalienischen Grenzer auf der Jagd nach den Schmugglern. Kaffee und Saccharin waren gute Schmuggelware. Nicht immer seien die Konfrontationen glimpflich verlaufen.

Beim Brunnerwirt gibt es eine alte „Sägemühle beim Brunner in Vernuer" zu bestaunen. Über Jahrhunderte bis in die 70er Jahre war die wassergetriebene Mühle als Getreidemühle, Dreschmaschine und Sägewerk in Betrieb. Sogar ein Lastenaufzug wurde damit betrieben. Erst die Wegerschließung und die Auflassung der hoch gelegenen Getreideäcker machte sie überflüssig. Jetzt ist sie ein Schaustück.

---

### Dienstag, 14. September

Den nächsten Tag gehen wir gemächlich an; es wird die letzte Etappe vor Algund sein.

Nach ein paar Stunden gemütlichen Wanderns treffen wir beim „Talbauer" ein, einer wundervollen Herberge, die ganz auf Wanderer eingerichtet ist bis hin zur Waschstelle für die Tageswäsche! Wir sind begeistert, vom Essen genauso, wie von der Aussicht.

Der „Talbauer" gehört zu den Muthöfen, den ältesten Bergbauernhöfen der Meraner Gegend, gegründet im 13. Jahrhundert. Die steilen Hanglagen machen die Landwirtschaft beschwerlich. Jetzt kommt es in den letzten Jahren immer häufiger zu so heftigem Starkregen, dass es Löcher in die Grasnarbe reißt, die mühevoll geflickt werden müssen. Die Bodenerosion soll nicht weiter voranschreiten. Wir schauen in die Ebene von Meran: Fast sind wir am Ziel! Was sind wir gespannt auf den morgigen Tag: Wir werden unser gemeinsames Ziel zu Fuß erreichen und haben tatsächlich den Alpenhauptkamm zusammen überquert.

Ohropax sind doch eine Wohltat in Gemeinschaftsunterkünften, das sollte man nie vergessen. So war die Nacht nur wenig gestört von der herzzerreißend schnarchenden Wandergruppe. Wir brechen auf und erreichen über den Meraner Höhenweg die Leiteralm, von dort geht es über einen schmalen, viel begangenen Felsensteig zur Mittelstation und über Serpentinen ins Tal. Die letzten Meter laufen wir durch eine üppige, niedrige Pergola aus Rotweintrauben. Sie streifen fast unsere Köpfe und schmecken zuckersüß: Willkommen im Paradies! So kommen wir in St. Kassian an. Es ist eine Ankunft, fast wie zuhause, so oft waren wir schon früher im Urlaub hier. Der Junior hat mittlerweile das Geschäft übernommen, aber natürlich sind die Eltern noch da. Sie kennen uns und begrüßen uns herzlich. „Zu Fuß seid's ihr gekommen? Ja, da müsst ihr euch jetzt gut erholen." Und das tun wir sofort.

*Mit Sekt stoßen wir auf diese wundervolle Reise an. So ruhig ist es in uns geworden, das stundenlange Wandern wurde zur Quelle schier unendlicher Freude. Das ist rational kaum zu begreifen. Gemeinsam geradeaus zu schauen, die Landschaft, das Wetter und die Menschen zu sehen und stetig voranzukommen, nicht gehetzt, nicht mit Zeitdruck, aber doch mit wechselnden Phasen von Erschöpfung und Erholung.*

*Stolz und glücklich sind wir, innerlich leicht, fast schwerelos, genau so waren auch die Tage zu zweit, das Wandern in stillem Einverständnis. Dabei haben wir gemerkt, dass der Körper wirklich einmal in der Woche Ruhe haben will und es ist gut, nachzugeben und ihm „seinen Willen" zu lassen. Der biblische siebte Tag lässt grüßen.*

# Allein durch Südtirol und Oberitalien

Viel zu schnell ist der Abschiedstag gekommen. Cornelia fährt mit der Bahn zurück und ich breche zu Fuß vom Bahnhof auf, weiter nach Süden und wieder alleine. Die ersten Stunden sind nicht schön, ich fühle mich einsam und traurig. Da ist es ganz gut, dass ich mich sehr konzentrieren muss, um aus Meran heraus – und den Waalweg bei Marling zu finden.

*Es geht über einen großen alten Friedhof. Ein Grabmal eines jüngst Verstorbenen beeindruckt mich besonders:*

> *„Die Seele, die in dir gewohnt, wandert zu fernen Höhen,*
> *um dort, was du gelitten hast, erst richtig zu verstehen."*

Der Übergang über die Etsch ist gar nicht so einfach zu finden; erst einmal lande ich unter einer Autobrücke in einem Lager des „Fahrenden Volks", die Hunde verbellen mich, also zurück auf die Straße. Da hält neben mir ein Auto, der Fahrer, ein Deutscher, fragt mich nach dem Weg, das Navi hat ihn völlig verwirrt. Glück gehabt: So fährt er mich über die gefährlichen Verkehrsknoten nach Marling hinauf und ich kann ihm als Gegenleistung den Weg in Richtung Reschenpass zeigen.

Bald beginnt es leise und sachte zu regnen, das passt gut zu meiner Stimmung. Der Waalweg geht eben und gleichmäßig dahin, dann höre ich ein leises „Ping-ping" einer wassergetriebenen Glocke:

> *„Die Waalschell hell erklingt, solang das Wasser rinnt*
> *und bleibt es einmal aus, muss der Waaler aus dem Haus."*

Das erinnert an die komplizierte Wasseraufteilung über diese Waale. Die Schieber wurden zu festgesetzten Zeiten geöffnet und geschlossen, sodass jeder Bauer zu seinem Recht kam und das hatte der Waaler zu überwachen. Der schöne Waalweg endet leider oberhalb von Lana am Eingang zum Ultental; jetzt wird der Regen wird stärker. Weiter geht es durch schier endlose Apfelplantagen auf kleinen Wegen bis nach Nals.

„Im Regen auf Südtiroler Waalwegen"

Das Wandern im starken Regen erfordert eine ganz andere Disziplin als sonst: Alle 1–2 Stunden braucht man ein Dach über dem Kopf um den Poncho innen auszuwischen und ein wenig „auszudampfen", so weicht man nicht ganz durch. Es ist wieder so eine Geduldsübung.

In Nals komme ich im „Rebhof" unter, der von einer gebürtigen Kölnerin geführt wird, wie sich im Gespräch herausstellt. Ein trockenes Zimmer, eine heiße Dusche, ein Bett, das ist wirklich alles, was ich nach einem solchen Regentag brauche.

Der Morgen ist ganz überraschend trocken, kalt und sonnig: Großartiges Wanderwetter. Heute will ich bis zum Kalterer See und ich weiß noch gar nicht, wie schön der Weg sein wird, der mich erwartet. Kein Waalweg mehr, der sich eben und schattig am Hang entlangschlängelt, jetzt sind wieder Höhenmeter angesagt! Über Schwanburg führt der Weg nach Andrian und Hocheppan hinauf, gut 200 Höhenmeter über der Bozener Ebene. Atemberaubende Blicke auf die blauen Dolomiten jenseits der Ebene und den Schlern tun sich auf, dazu gehe ich auf steilen kühlen Waldwegen. In einer kleinen Kapelle am Weg finde ich eine zierliche Bronzeplastik von Franziskus, ein freudiger Gruß von einem noch sehr fernen Ziel!

Als der Wald sich öffnet und den Blick auf die weiten Hänge voller Wein freigibt, habe ich das Gefühl in einer wahrhaft paradiesischen Landschaft zu sein: Uralte Weingüter, die Kulturlandschaft von Felsen eingerahmt, die Berge ringsum. Als ich einen alten Weinbauern treffe, wird mir rasch klar, dass dieses Paradies sehr arbeitsam ist. Er zeigt mir seine Sammlung alter Traktoren der Firma Eicher, die sogar nach seinen Wünschen in der Münchner Fabrik umgestaltet wurden. In der Scheune nebenan sind Schwiegersohn und Tochter bei der Apfelsaftkelter.

Weiter geht es durch die ausgedehnten Weinberge. Die Sonne steht hoch am Himmel, es ist wieder heiß. An einzelnen Weingütern sind Hinweistafeln angebracht, dass die Weinkeller bereits in der Renaissance genutzt wurden. Aber der Weinbau hier ist noch viel älter. Der Marktplatz von Kaltern leuchtet im hellen Sonnenschein, die barocke Pfarrkirche von Maria Himmelfahrt an der Stirnseite lädt zu einer kühlen Rast ein. Und von der Kirche aus kann man schon unten den See liegen sehen.

Durch Apfelplantagen zieht sich der Weg bis zum See. Ganze Touristenströme „pilgern" auf diesen Wegen mit „Kind und Kegel". Abendessen gibt es in St. Josef im Winkl Keller in alten Gewölben mit freundlichen Touristen am Tisch, Zufallsbekannten.

"Im Südtiroler Paradiesgarten"

Gespräche übers Wandern und Fernwandern, Pilgern. Dazu hervorragende überbackene Vintschgerl mit Käse und Speck. Und wir diskutieren am Tisch über das Thema, wie man die besten Eindrücke erhält: Zu Fuß, mit dem Fahrrad? Und wieder zeigt sich, dass es auf den Einzelnen und seine Vorlieben ankommt, was er oder sie für sich unterwegs erhofft. Das ist so verschieden, wie es die Menschen eben sind.

*Kann man sich heute wirklich noch aus der „Welt" ausklinken? Oder geht das noch nicht einmal auf einer monatelangen Fußwanderung? Ist „Ausklinken" überhaupt ein Ziel? Wenn ja, darf man dann den Fernseher in der Pension nicht anstellen und am Kiosk keine Schlagzeilen lesen, um nicht gestört zu werden? Und was heißt dann eigentlich „gestört werden"? Vielleicht war Ignatius von Loyola immer schon weitsichtiger und moderner. Sein Wahlspruch (und der aller Jesuiten bis heute): „Gott suchen und finden in allen Dingen", also kein „ausklinken". Und: Vor das Philosophieren über die Welt haben die Götter die Hausarbeit gesetzt: Erst einmal Wäsche waschen und Ordnung machen, das „erdet" und hilft im Ordnen des Tages.*

*Morgenmesse in der winzigen Kirche in St. Josef am See. Ein alter Priester, ein Ehepaar und ich sind da. Mit zittrigen Fingern, mühsam und bedächtig richtet der Priester die Gerätschaften her, entzündet die vier Altarkerzen, zieht sich um. Märtyrern, die in Korea für ihren Glauben gestorben sind, wird heute gedacht. Im schräg einfallenden Morgenlicht flackern die Kerzen. Das Evangelium mahnt, das Licht nicht zu verbergen, nicht unter den Scheffel zu stellen. Ruhe, eine intensive Stille durchzieht diese Morgenfeier, die schnörkellos auf das Wesentliche reduziert ist.*

Und wieder ein klarer Sonnentag. Nach Tramin geht es durch Obstgärten, dort treffe ich auf den schönen Hauptplatz mit dem Kirchturm aus behauenen Steinen. Heute reihen sich die großen Weindörfer an der Südtiroler Weinstraße aneinander: Kurtatsch, Magreid. Natürlich erinnere ich mich an die Weine von Alois Lageder und Hofstätter, kehre aber lieber nicht ein, sonst wäre der Tag hier zu Ende. Wäre eigentlich nicht schlimm, nur wo anfangen und wo aufhören? Auf diese Weise bräuchte ich Jahre für den Weg nach Rom, was für eine grandiose Vorstellung!

*Manchmal bei einem wunderbaren Landschaftsblick, manchmal aber auch einfach so steigt eine tiefe elementare jubelnde Freude in mir auf. Was für ein Glück, dass ich hier sein darf, Tag für Tag unterwegs bin, mit allen Sinnen die Landschaft aufnehme und Menschen treffe, wie eben den Südtiroler aus Nals, der hier in Kurtatsch arbeitet oder die kleinen Buben nach der Schule, die mich fröhlich grüßen. Ohne Pflichten unterwegs sein!*

*Lebe ich in einer Traumwelt auf meiner Tour? Ja und nein. Dafür sprechen die Augen der Menschen, wenn sie mitbekommen, was ich tue: Versonnen, skeptisch, staunend, träumerisch oder auch verständnislos. Dagegen spricht die ganz reale Belastung: 13 kg Rucksack, Hitze, Regen, Belastung auf der Strecke und jeden Tag Höhenmeter.*

*Eine „Pilgerstudie"* spricht vom „regressiven Existenzwechsel" unterwegs: Einfache überschaubare Lebensbedingungen, übersichtliche Zusammenhänge und „einfache Deutungen" machten das Pilgern heute so attraktiv. Das stimmt sicher, aber es beschreibt (und das noch nicht ein-*

*mal sehr freundlich) nur einen Teil der Erlebnisse unterwegs. Die andere Seite ist die Erkundung einer anderen Welt. Die eigene „innere Welt" scheint auch nur ein Teil davon zu sein, der größere Zusammenhang wird in der Stille immer spürbarer.*[1]

Dann verlaufe ich mich und komme in einem großen Bogen nach Salurn, der letzten überwiegend deutschsprachigen Gemeinde. Am Hauptplatz steht der Gasthof „Salurn", hier komme ich unter. Heute ist es mein letzter Tag im deutschsprachigen Südtirol. Ein wenig mulmig ist mir schon bei der Aussicht, bald auf das Italienische angewiesen zu sein, von dem ich eigentlich keine Ahnung habe. „Ah, du hast doch Latein gelernt, da ist doch Italienisch kein Problem!" Tröstlich gemeint waren so die aufmunternden Worte zuhause. Aber ob mir Caesar hier wirklich viel weiterhilft: Gallia est omnis divisa in partes tres…?

---

### Dienstag, 21. September

Kühl und frisch ist es am Morgen, 12° C zeigt das Thermometer und auch nach einer halben Stunde schnellen Gehens werde ich nicht warm; die Berge und Felswände färben sich zartrosa in der ersten Morgensonne, aber der Fahrradweg auf dem Damm an der Etsch liegt im Schatten; der Puls schlägt gerade einmal 64 mal pro Minute, kein Wunder, das reicht nicht zum Warmwerden. Resignierend ziehe ich wieder die warme Jacke an.

Dann erreiche ich die Provinzgrenze und fasse es kaum. Auf dem Fahrradweg ist diese simple Provinzgrenze zwischen Südtirol und Trient in allen Einzelheiten sichtbar: Der Teerbelag ändert sich, die Markierungsfarbe ändert sich, die Kilometerzählung des Weges beginnt erneut bei Null! Wahrscheinlich ist der Unterschied zwischen Deutschland und den Niederlanden

---

1  http://www.wanderforschung.de/files/pilgern0921259080910.pdf

oder Frankreich weniger krass, als diese inneritalienische Linie. Kaum jemand begegnet mir an diesem Dienstagmorgen auf dem Damm. Die Einhegung der Etsch hat dem Tal sehr geholfen. Immer wieder hat die Etsch als wilder Gebirgsfluss zu großen Überschwemmungen geführt, dabei sogar komplett ihr Bett verlegt. Albrecht Dürer berichtet, dass auf seiner Fahrt nach Süden kein Durchkommen war und er einen weiten Umweg über Täler und Pässe nehmen musste.

Mittagspause in Mezzolombardo, bisher musste ich noch kein Wort sprechen. Am Abend in der Touristeninfo von Trient halte ich mich an meine zurechtgelegten Sätze – Und, oh Wunder, es funktioniert! Puh, geschafft. Aber dann grinst die junge Frau freundlich und erklärt mir den Rest in flüssigem Deutsch. Zu Fuß bin ich bis nach Trient gelangt. Ehrfürchtig stehe ich vor dem Dom: Vor 450 Jahren kamen hier viele Gelehrte zusammen, um die Reform der katholischen Kirche anzugehen, also ein wahrhaft historischer Ort. Die meisten kamen ganz sicher zu Fuß. Im Dom wurden an einer bestimmten Stelle unter einer Kreuzigungsgruppe wesentliche Konzilsbeschlüsse verkündet. Er ist in seiner romanischen Gestaltung wunderschön, einzig die Turmhaube in Zwiebelform stört etwas. Er wurde im 13. Jahrhundert erbaut und dem heiligen Vigil geweiht. Vigil kam im 4. Jahrhundert aus Rom und wurde in Trient als ganz junger Mann zum Bischof gewählt, die frühe Kirche war oft wirklich erstaunlich. Später kam er auf einer Missionsreise gewaltsam um. Hier in Oberitalien gibt es viele Verweise auf ihn, am Gardasee begegne ich ihm wieder.

Um 19 Uhr gibt es eine Messe an einem Seitenaltar. Etwa 30 Menschen haben sich versammelt; sie kennen sich anscheinend ganz gut, eine vertraute Gemeinde. Aber irgendwie wirkt die Gruppe auf mich hermetisch abgeschlossen mit fest verteilten Rollen. Der Lektor der Lesung kommt tatsächlich erst zehn Sekunden vor seinem Einsatz zur Gruppe hinzu und keiner wundert sich. Das ist wirklich „just in time"! Später auf dem Platz: Wie immer, wenn Studenten in einer Stadt sind, wirkt sie lebendig. Rund um den Dom herrscht am Abend lebhaftes Treiben, die Cafés und Restaurants sind voller junger Menschen, die Straßen sind voll, es ist angenehm warm.

---

*Mittwoch, 22. September*

Im „ufficio parrocchiale", dem Pfarramt des Domes, treffe ich am nächsten Morgen auf freundliche Geistliche. Natürlich erhalte ich meinen Stempel und es gibt einige Fragen nach dem Woher und Wohin und dann viele gute Wünsche. Ich fahre einige Kilometer mit dem Bus, denn jetzt wird es an der Etsch ziemlich industriell und langweilig. Hinter Rovereto geht es nach Mori, das am Fuß der Berge liegt, die das Etschtal vom Gardasee trennen.

Auf der Kompass-Wanderkarte habe ich mir eine Route ausgesucht: Überschreitung des Monte Baldo und hinunter zum Gardasee. Erst einmal muss ich in die Karte „hineinwandern", über kleine Feldwege, an Straßen entlang: Mori, San Zeno, Besagno. Es ist heiß an diesem Tag und ich bin froh, als ich etwas Höhe gewinne und nach Brentonico komme. Jetzt beginnen wieder die vertrauten Bergwege, die letzten Weinberge bleiben zurück, dafür sehe ich die ersten Alpenveilchen und nebenbei ein wahres Idyll: Ein Mann liegt auf einer Wiese, döst ein wenig und beaufsichtigt drei Ziegen, die gemächlich um ihn herum grasen; fast wie im Märchen. Später am Nachmittag fällt der Sonnenschein schräg ein, streift fast tangential die Wiese, sodass ich Gräser und Pflanzen wie im Gegenlicht sehe, eine wunderschöne, etwas unwirkliche Stimmung; dann ist die Sonne weg, verschwunden hinter dem Bergrücken und es wird schlagartig kühl.

*Gräser im Gegenlicht, das diffuse Licht im Hintergrund, für mich ein Augenblick erlebter Spiritualität. Wenn man lange alleine unterwegs ist, wird einem das Anliegen und der Weg des Franz von Assisi klarer, verständlicher. Gerade die vielen Bilder in der Natur rühren an und scheinen über sich hinauszuweisen, auch wenn ja klar ist, dass Schönheit kein Gottesbeweis ist.* So muss es ihm, der so viel zu Fuß unterwegs war, auch gegangen sein, so entstand Strophe für Strophe über Jahre hinweg sein Lobpreis der Schöpfung, der „Sonnengesang".

Über die Sonne:

> „Gelobt seist Du, mein Herr, mit allen Deinen Geschöpfen,
> zumal mit dem Herrn Bruder Sonne;
> er ist der Tag und Du spendest uns das Licht durch ihn.
> Und schön ist er und strahlend in großem Glanz,
> Dein Sinnbild, o Höchster."

*Auf geheimnisvolle Art und Weise können wir dem Ziel und Zentrum der menschlichen Sinnsuche begegnen, wenn wir ganz in Ruhe uns selbst begegnen.*
*Das ist die Kernerfahrung im Weitwandern:*
*Du gelangst Schritt für Schritt bis zu deiner innersten Kammer der Ruhe, in der – du magst es nennen, wie du willst – die Liebe Gottes leuchtet.*

Über San Giacomo und den Weg 633 komme ich endlich zur „Rifugio Graziani", einer privat betriebenen Schutzhütte. Es ist eher ein Berghotel, ganz neu gebaut auf einer Bergschulter. Zurück reicht der Blick bis in die Ebene von Rovereto, voraus auf die Höhenzüge des Monte Baldo und seitlich geht es hinauf auf den Monte Altissimo. Was für ein übertriebener Name für den gerade mal 2079 m hohen Ausläufer! Abendessen auf der Terrasse, solange die Sonne noch scheint. Und jetzt ist das Essen eindeutig italienischer geworden. Zwar gibt es noch die gute Gerstensuppe, die so hervorragend ins Gebirge passt, aber Rotwein und Weißbrot werden mit anderen Gläsern, mit anderem Geschirr, eben im italienischen Stil serviert.

Eine helle Mondnacht bricht an und es wird rasch sehr kühl. Die älteren Männer, die gerade noch Karten gespielt haben, sind längst wieder ins Tal gefahren. Meine übliche Abendbeschäftigung folgt: Die Bilder vom Tage sortieren, die weniger guten löschen, ein paar Notizen machen und dann natürlich die Route von morgen planen. Vom Monte Baldo führt eine Seilbahn hinab ins Tal nach Malcesine, soll ich die nehmen und etwa 1500 Höhenmeter Abstieg sparen? Abstieg ist immer ätzend und geht auf die Kniegelenke. Aber dann verpasse ich eine wunderschöne lange Gratwanderung. Strecken ausmessen, Höhenmeter zählen, abschätzen, ob der lange Weg zu schaffen ist, ein wenig im Führer lesen, so vergeht rasch die Zeit. Tiefer Schlaf hüllt mich ein.

---

*Donnerstag, 23. September*

Am Morgen bin ich der einzige Frühstücksgast. Milchkaffee, Hörnchen, reichlich Marmelade. Das wird ein langer Tag, denn jetzt will ich doch nicht mit der Bergbahn vom Monte Baldo nach Malcesine fahren. Der Tag verspricht herrlich zu werden und die Kamm- und Gratwanderung lockt sehr. Über Almwiesen und Waldwege geht es Richtung Hauptkamm, verschlafene Kühe weiden noch etwas unentschlossen auf den betauten, kühlen Wiesen.

Oben auf dem langgestreckten Bergplateau entfaltet sich das Leben an diesem herrlichen Tag. Sie sind mit der Bergbahn gekommen in Sandalen und Flip Flops, um die tolle Sicht auf die schneebedeckten Alpen im Norden zu genießen. Es ist windstill, sonnig und warm, viele Liegen zum Sonnenbaden stehen da. Ein „Radler" im Freien rasch getrunken, dann geht es auch schon weiter und der Touristentrubel verliert sich. Es wird wieder einsamer und der Weg schlängelt sich auf dem Kamm entlang durch Latschenkiefern. Und dann zieht sich der Weg stundenlang und es wird heiß und immer heißer, die Latschen heizen sich auf, der Wasservorrat schrumpft. Nicht so schlimm, denn nach meiner Erkundigung sind ja noch geöffnete Hütten auf dem Weg. Immer wieder gibt es grandiose Blicke auf den Gardasee tief unter mir. Aber dann passt plötzlich nichts mehr: Eine Hütte nach der anderen ist geschlossen. Kaum noch Wasser um 15 Uhr und es sind mindestens weitere 1 ½ Stunden bis zur nächsten Hütte. Der Durst plagt mittlerweile sehr. Vielleicht hilft der alte Trick der Tuareg: Einen Kiesel unter die Zunge legen – und tatsächlich! Der Mund ist auch nach einer weiteren Stunde noch feucht, der Durst geringer; vielleicht auch einfach, weil ich mit dem Stein gezwungen bin, die Klappe zu halten.

Auf alten Militärstraßen aus dem Ersten Weltkrieg geht es weiter, gut 2,50 Meter breit, hineingeschnitten in den Fels und befestigt. Das erinnert an die schrecklichen Kämpfe hier oben im Sommer und Winter nach 1915. Jetzt liegen wieder offene Wiesen vor mir und am Rifugio Fiori del Baldo weht tatsächlich eine Fahne: Was für ein Glück, tatsächlich geöffnet! Es folgt eine ausgiebige Pause mit Radler und Gerstensuppe, selten hat es so gut geschmeckt wie jetzt!

Über sanfte Almwiesen, die in der Abendsonne in prächtigen Farben leuchten, geht ein schier endloser Abstieg, bis ich schließlich in Prada bin. Es steigt schon ein frühherbstlicher Dunstnebel auf und sofort kommt die abendliche Kühle. Am Ortseingang von Prada arbeitet eine Frau im Garten. Ich versuche es auf Italienisch. Sie mustert mich und meint: „Ich glaube, wir können Deutsch sprechen." Eine Kölnerin, die vor zwei Jahren hierher gezogen ist und gleich eine gute Unterkunft in der Nähe empfiehlt: „La Palazzina". Nach zehn Stunden bin ich froh, angekommen zu sein und auch für den einzigen Gast gibt es ein gutes Abendessen. Die Wirtsleute essen am Nachbartisch mit diskret feinem Abstand. „Wenn Sie etwas brauchen, sind wir da." Wäsche waschen, mit schmerzenden Füßen zu einer kleinen Kapelle in der Nähe, mehr humpeln als laufen: „Dort haben Sie Handyempfang, hier geht das leider nicht". Während ich mit der Familie telefoniere, geht der Vollmond auf und leuchtet hell. Kurz danach – tiefer Schlaf!

---

*Freitag, 24. September*

Wie sich der Körper über Nacht erholen kann! Alle Schmerzen sind weg nach 11 Stunden Schlaf. Nach dem Frühstück geht es auf einem kleinen Pfad nach San Zeno di Montagna. Der kleine Ort liegt wie auf einem Aussichtsbalkon über dem Gardasee. In einem Lebensmittelgeschäft macht mir die Verkäuferin sorgfältig und mit großer Ruhe meine Schinkenpanini zum Mitnehmen. Sie kosten nicht viel. Gleich schießt mir wieder der Gedanke durch den Kopf: Umsatz pro Stunde bei dieser liebevollen Tätigkeit – das kann sich doch gar nicht rechnen! Ich bezahle und esse sie später mit großem Genuss. Weiter geht es auf kleinen Pfaden hinab zum See. Eine Schlange, die sich auf einem Stein sonnt, erschrickt; blitzartig windet sie sich an einem Baumstamm nach oben und schaut mich aus halber Höhe und kurzer Entfernung an. Ein schönes Tier, dunkel mit einem weißen Streifen und dem typischen Kopf der Vipern. Wir mustern uns skeptisch, dann gehe ich lieber weiter. Viele schöne Schmetterlinge gibt es hier. Schließlich erreiche ich Pai am See. Das Wasser ist kristallklar und noch schön warm: Badepause!

Es gibt einen schönen Höhenweg, den Percorso del Pellegrino am See entlang von Malcesine bis Garda. Er führt durch Olivenhaine, an der alten Kirche San Siro vorbei und streift den Ort Torri del Benaco (Benacus hieß der See bei den Römern), dabei gibt es immer wieder neue, prächtige Blicke über den See. Und wie sich die Farbe des Sees im Tagesverlauf verändert: Jetzt schimmert er gerade hellblau und nur an einigen Stellen ist er gekräuselt, dort wo ein leichter Luftzug geht. Am Punta San Vigilio, dort wo der südliche Teil des Sees in die Breite geht, liegt er am Nachmittag da wie flüssiges Silber, Zypressenhaine davor, neben mir die allgegenwärtigen Oliven. Ja, das ist der Süden, jetzt habe ich die Berge endgültig hinter mir. Dafür kostet das „Radler" in Garda am See auch gleich 4 Euro!

***

## Samstag, 25. September

Wieder passiert es mir in dem kleinen Hotel, dass ich über das Woher und Wohin Auskunft geben muss. Ein langes munteres Gespräch wird daraus. Hier in der Touristengegend des „süßen Nichtstuns" am See sind sie begeistert bis fassungslos über das Unternehmen. Und ich kriege kleine Aufträge mit ins Gepäck: „Auftragsgebete" für Assisi. Bei der Morgenmesse habe ich den Pfarrer kennengelernt, jetzt hole ich mir noch einen Pilgerstempel ab. Er schaut mich kurz prüfend an: Ein bisschen verrückt sind Sie schon, oder? sagt sein Blick. Was soll ich da antworten?

Aber dieser Tag ist auf die Dauer schwierig. Immer am Seeufer entlang, mit seinen vielen Touristen und ich komme mir mit Rucksack und Bergschuhen wie ein Ruhestörer vor; das nervt etwas. Vorbei an Bardolino und Lazise, dann endlich werden die Touristen weniger.

Peschiera, der uralte Fischerort am Abfluss des Gardasees, liegt im Abendsonnenschein. Die venezianische Festungsanlage wirkt abschreckend, aber die Aussicht vom Festungswall auf den See lädt zum Ausruhen ein. Die Österreicher haben diese Anlagen im 19. Jahrhundert noch zur Sicherung der Grenzen benutzt. So, jetzt geht es noch zwei Tage am Mincio entlang, der den Gardasee hier verlässt bis nach Mantua; dann bin ich in Bologna, endlich mitten im „richtigen Italien", die letzten Bezüge zum nördlichen Kulturkreis sind zu Ende.

---

### Sonntag, 26. September

Es ist ein schöner, frischer, sonniger Frühherbstmorgen in Peschiera, als ich wieder aufbreche. Vorher habe ich noch einen Eindruck vom alten Peschiera erhalten. Die Vermieterin zeigte viele Bilder und erwähnte das jährliche Treffen von Soldaten aus Österreich, Tschechien, Ungarn und Polen. Das kann nur einen Zusammenhang mit der alten k.u.k. Monarchie und der Festung haben, die so malerisch am Austritt des Mincio aus dem Gardasee liegt.

*Heute ist wieder einer dieser Tage, an denen Körper und Geist Ruhe brauchen und sich nicht nach den Plänen des „verkopften Menschen" richten. Es gibt wohl ein Spannungsdreieck zwischen dem „Unterwegssein", dem „Vorwärtskommen" und dem „Neues Aufnehmen/Offen sein". Wenn die Wanderung nicht ein zielgerichtetes Projekt sein soll, nämlich möglichst rasch in Rom anzukommen, muss ich immer wieder nachgeben und Körper und Geist die nötige Ruhe und Erholung gönnen.*

*Vielleicht liegt hier auch die Antwort auf die Frage, die immer wieder aufkommt: Warum bist du nicht mit dem Fahrrad unterwegs? Ganz einfach, ich will nicht schnell sein oder „Zeit sparen", denn dahinter steckt doch vielleicht nur unsere moderne Angewohnheit, die Dinge komprimieren zu wollen. Vielleicht auch das Missverständnis, dass, wenn man schneller voran kommt, man mehr sieht und mehr aufnimmt. Ich glaube mittlerweile an*

*das Gegenteil: Die Eindrücke zu Fuß sind so reich und vielfältig, dass ich
abends oft regelrecht „erschlagen" bin. Aber vielleicht ist es eine Typfrage.
Wem nicht langweilig wird beim Betrachten der vielen verschiedenen und
fein abgestuften Grau-, Grün- und Silbertöne beim Wandern durch einen
Olivenbestand, für den ist Weitwandern zu Fuß sicher nicht verkehrt.*

Sonntagsausflugsbetrieb am Mincio und in dem kleinen Städtchen Borghetto, einem regionalen Lieblingsziel der Italiener;
verträumt, mit alten schön renovierten Häusern, Mühlen und
verzweigten Wasserläufen, dazu passenden Ausflugslokalen, so
zieht es die Menschen am Wochenende an. Und natürlich sind
die Italiener im Allgemeinen gut gekleidet. Ich komme mir völlig
deplatziert vor, so wie ich bin: Verschwitzt und mit Rucksack.
Schluss für heute! Ich finde eine Unterkunft für die Nacht. Es
gibt sogar einen wunderbaren Pool im Garten.

---

### Montag, 27. September

Es regnet am Morgen; ein feiner, gleichmäßiger Landregen hat ein-
gesetzt. Eine junge Familie aus Israel mit kleinen Kindern macht
hier im „agriturismo" Urlaub. Jetzt sind sie unschlüssig, was sie mit
diesem Tag anfangen sollen. Regen zu dieser Zeit in Italien war nicht
eingeplant. Wir kommen ein wenig ins Gespräch. „Wisst ihr eigentlich, wie gut ihr es habt, einfach so ohne Grenzen in Europa Urlaub
machen zu können? Zu Fuß durch halb Europa, unglaublich! Wenn
wir uns frei bewegen wollen, müssen wir als Erstes wegfliegen."
   Da ist doch ein wenig Regen wirklich nur eine kleine Ein-
schränkung. Mit Poncho marschiere ich los, wieder den Mincio am
Damm entlang. Der Weg ist markiert als „Eurovelo 7", einer der
transeuropäischen Fahrradwege. Heute ist die Landschaft natürlich
wie leer gefegt. Kein Mensch weit und breit. Silberreiher stehen am
Ufer des kleinen Flusses. Sie lassen den einsamen Wanderer immer
nur bis auf eine ganz bestimmte Distanz heran, dann starten sie,
fliegen einen weiten Bogen und landen hinter mir wieder am Fluss.

Das Wetter klart auf, aber es bleibt bedeckt und damit frisch; ideale Bedingungen! Gegen Mittag regnet es wieder und nach gut einer Stunde wird es ungemütlich unter dem Poncho. In Marengo (hier war Napoleon!) finde ich eine kleine Bar für die Pause. Einige LKW's stehen vor der Bar. Die LKW-Fahrer schauen mich etwas verwundert an. Sie machen Pause, trinken und essen etwas, unterhalten sich dabei. Nass und verschwitzt wie ich bin, brauche ich erst einmal etwas Zeit, um anzukommen. Nach der Mahlzeit fragt mich der Barbesitzer nach meinem Weg. Wir unterhalten uns, so gut es auf Italienisch eben geht. Er sähe gerne ein wenig mehr von der Welt, weniger aus touristischen Gründen; eher scheint es, dass ihn viele Fragen bewegen, was die Menschen denn so tun und was sie antreibt. Die Bar ist einfach, die kleinen Speisen sind gut und das alles erfordert sicher viel zeitlichen Einsatz, völlig klar. Da sagt er mir zum Abschied: „Lei è un uomo ricco e fortunato" (Sie sind ein reicher und vom Glück begünstigter Mensch). Ja, da hat er recht und dieser Ausspruch war ganz ernst und ganz ohne Neid gesagt, er bewegt mich sehr und bleibt lange Zeit mein Begleiter.

Mantua, die Stadt in der Lombardei, die Stadt der „gonzagas", umgeben von Wasser, die Stadt mit einem ziemlich verrückten Dom. Wenn man ihn von der Seite anschaut, entdeckt man eine prächtige Marmorfassade aus dem 18. Jahrhundert, dahinter Backsteingotik und dazu noch romanische Türme. Ein großer Platz beeindruckt vor dem riesigen herzoglichen Palazzo Ducale. Eine Besonderheit gibt es noch: Die Kirche von San Lorenzo. Diese romanische Rundkirche war im Lauf der Zeit durch Anbauten völlig verdeckt und zugebaut, dass sie als Kirche in Vergessenheit geriet und erst zu Beginn des 20. Jahrhunderts wieder entdeckt und restauriert wurde.

Hier gönne ich mir ein opulentes Abendessen am „palazzo ducale". Der Kellner traut mir zunächst nicht recht bei meiner Gewandung. Doch Gang für Gang nähern wir uns an, bis er zum Grappa eine neue Flasche „Storica Nera" öffnet. Prächtiger

Abend! Und wenn man meint, am Abend entschieden zu viel gegessen zu haben, ist das am nächsten Morgen vergessen und ein enormer Hunger stellt sich sofort wieder ein. Das ist der Vorteil des Wanderlebens!

---

*Dienstag, 28. September*

Heute ist Reisetag. Der Zug bringt mich schnell nach Bologna. Diesen Teil der Poebene will ich mir sparen. Es gibt anscheinend keine guten Wanderwege von Mantua nach Bologna, ich habe sie nicht gefunden. Und ich freue mich schon auf den nächsten Abschnitt: Die „Via degli Dei", der „Götterweg" von Bologna nach Florenz durch den Apennin.

Ein Zimmer finde ich in Bologna erst nach langem Suchen. Es ist Messe in der Großstadt von knapp 400.000 Einwohnern, der alten Kulturstadt mit der ältesten Universität Europas.

In einer Buchhandlung hole ich Karten der Region für den „Götterweg" ab, die ich telefonisch bestellt hatte. Es hat mit meinem Italienisch tatsächlich geklappt und die Karten liegen bereit.

An der Piazza Maggiore mit dem Neptunbrunnen steht auch das Denkmal für den Stadtvater Bischof Petronius. Er erweckte die Stadt im 5. Jahrhundert nach dem Verfall des Römischen Reiches zu neuem Leben.

Und hier ist auch Dominikus begraben. In der Dominikanerkirche treffe ich in der Abendmesse auf zwei Patres, die ihrem Orden alle Ehre machen und auch rhetorisch gut und mit kräftiger Stimme predigen. Was für ein denkwürdiges Zusammentreffen, dass am Ende des 12. Jahrhunderts zeitgleich in Italien und Spanien zwei so bedeutende Gestalten auftreten, die als Mönche zwar ganz verschieden sind, aber jeder ein bedeutender Reformer für die katholische Kirche geworden sind: Franz und Dominikus.

# Auf dem „Götterweg" durch den Apennin

Der junge Hotelier würde sofort mit mir aus Bologna aufbrechen, als er von meinem weiteren Weg hört. Er ist selbst viel zu Fuß unterwegs. Als ich die angenehme und etwas mehr entspannte Lebensart der Italiener erwähne, wird er ganz ernst und meint, dass die Italiener den Deutschen und ihrer harten Art zu arbeiten viel verdanken. Das werde hier oft vergessen.

„Der kilometerlange Arkadenweg hinauf nach …"

„… San Luca oberhalb von Bologna"

Die morgendliche Stadt ist voller junger Studenten, was für ein schönes Bild auf den großen Plätzen! Es ist kühl und sonnenhell.

Der Weg vom Hauptplatz aus der Stadt heraus birgt eine tolle Überraschung: Ein Arkadengang von 3,5 km Länge und 666 nummerierten Bögen führt hinauf zur Wallfahrtskirche auf den Berg, auf dem das Kloster San Luca liegt. Auch heute, an einem normalen Werktag, sind einige Menschen zu Fuß unterwegs, den Berg hinauf, manche aus sportlichen Gründen, manche wollen zur Kirche. Das Hochamt am Fest der Erzengel hat gerade begonnen. Der Abt predigt in so getragenem, klarem Italienisch, das ich ihn gut verstehen kann: Die Engel seien wie auch die Jakobsleiter eine Verbindung zwischen Himmel und Erde, die den Menschen helfen soll, zu Gott zu finden. Der beeindruckende Rundbau aus dem Barock hier auf dem Berg ist weithin sichtbar. Aber jetzt geht es hinab ins Renotal und am Flüsschen entlang. Alpenveilchen blühen im Halbschatten und diese kleinen Begleiter sind weit hinein bis nach Umbrien und Latium zu finden, immer dort, wo es im Mittelgebirge luftig und schattig ist. Der Weg ist gut ausgeschildert. Mit einem kleinen Abstecher über eine kleine Holzhängebrücke kommt man zum Palazzo de' Rossi, einem imposanten Gebäude halb Burg halb Schloss aus dem 15. Jahrhundert. Der Weg zieht sich auf kleinen Landstraßen weiter hinauf bis Sasso Marconi. Die erste Etappe auf dem „Götterweg" ist geschafft.

---

*Donnerstag, 30. September*

Früher Aufbruch, ein kurzes Frühstück an der AGIP-Tankstelle um 6 Uhr morgens, denn heute wartet eine lange Strecke auf mich. Erst kommt ein unangenehmes Stück an einer stark befahrenen Straße, doch zum Glück verschluckt mich bald der Wald. Steil, glitschig und lehmig ist der Weg, an einigen Stellen hilft nichts als ein Entlanghangeln an den herabhängenden Zweigen. Aber bald kommen freie Wiesen, dazu wärmt jetzt die Sonne und ein großartiger Blick ins Tal und zurück auf das im strahlenden Licht liegende San Luca tut sich auf und dieses wunderschöne Panorama bleibt so den ganzen Tag. Die Wegeführung ist einfach und gut markiert und anders als im „Outdoor-Handbuch" beschrieben, etwas vereinfacht. Der Aufstieg von Sasso lohnt sich unbedingt. Immer wieder gibt es grandiose Rundumblicke, die ich im Mittelgebirge nie vermutet hätte. Monte Adone und Monte Venere, also Adonis und Venus, liegen am Weg und ragen bis knapp 1000 Meter auf. Die Sonne ist jetzt wunderbar herbstlich warm und sticht nicht mehr.

Der schönste Triumph ist doch immer, wenn die telefonische Zimmerreservierung klappt, die Verständigung funktioniert. Die Bergbewohner reden zum Glück langsam und bedächtig.

In Monzuno ist das „Albergo Montevenere" tatsächlich so gut, wie im Führer beschrieben: Ein großartiges Abendessen und eine offene Gastfreundschaft. Signore Suppini mag die Wanderer anscheinend gerne. „Ein Aperitif vorweg? Das Abendessen ist gleich so weit."

Im Ort gibt es schöne kleine Überraschungen, so ist z. B. an der Außenmauer der kommunalen Bibliothek ein Mauerstück wie aufgerissen, der Riss wie ein Bücherregal gestaltet.

Nach dem Essen merke ich an diesem Abend wieder eine echte Erschöpfung, die über die gewohnte abendliche Müdigkeit hinausgeht. Dazu schmerzen die Füße. 50 Tage bin ich jetzt unterwegs, fast 1000 Kilometer liegen hinter mir und viele Höhenmeter. Das Körperliche ist es nicht an erster Stelle, eher die innere Anspannung mit all dem Fremden und Neuen: Aber jetzt bin ich auf der anderen Seite auch sicher, dass ich es alleine schaffen kann. Ich komme in Italien zurecht, finde gute Gasthöfe und lerne jeden Tag ein paar Worte mehr in dieser schönen Sprache. Aber morgen will ich dem Körper nachgeben und nur eine kleine Strecke gehen.

*Freitag, 1. Oktober*

Eine ruhige kleine Höhenwanderung heute auf fast 1000 Meter Höhe, rechts und links liegen die Täler Val di Sambro und Val di Savena. Es ist kühl und immer wieder gibt es feinen Sprühregen, aber das zählt nicht. Merke: „Regen" ist, wenn es von oben und außen deutlich feuchter wird, als von innen durchs Schwitzen! An einzelnen Gehöften verbellen mich die Hunde. Meist sind sie angekettet und regen sich furchtbar auf. Freilaufende Hunde sind deutlich friedlicher und haben etwas Respekt vor den Wanderstöcken. Viele Eichenwälder gibt es und ganze Hänge voller Rosskastanien. Und jeden Tag finde ich reife Brombeeren. Die Markierung der Wege ist fast immer sehr gut: Entweder weiß-rot vom CAI, dem italienischen Alpenverein oder zwei gelbe Punkte. Das ist die älteste Markierung der Bologneser Wandergruppe, die den „Götterweg" wiederbelebt hat (siehe Outdoor-Handbuch). Und wie so oft treffe ich auch auf dieser Strecke keinen Menschen und bin in wenigen Stunden in Madonna dei Fornelli. Es ist ein ruhiger kleiner Ort. Gegenüber der Kirche liegen zwei

Gasthöfe. In der „Albergo Poli" empfängt mich eine energische ältere Frau; Schürze umgebunden und den Besen in der Hand macht sie gerade die Gaststube sauber. Sie ist Einzelwanderer gewöhnt und gibt mir gleich ein Zimmer; „Abendessen um 19 Uhr!"

---

*Samstag, 2. Oktober*

„Allora, in bocca al lupo" verabschiedet mich meine Wirtin, Hals- und Beinbruch! Es wird wieder ein wunderschöner Tag, kühl und sonnig am Morgen. Immer weiter hinauf geht es, der Weg steigt stetig bis zur höchsten Erhebung der ganzen Strecke. Ich komme durch lichte Eichenwälder, gelegentlich über Wiesen, oft geht es auf dem Mittelgebirgskamm entlang. Dabei stößt man auf Reste der alten Via Flaminia minor, einer Römerstraße aus dem 2. Jahrhundert vor Christus, möglicherweise stammt sie aber auch aus späterer Zeit. Einige alte Bauernhöfe liegen am Wegrand, verlassen und verfallen. Von einer Anhöhe aus kann man die Autobahn unten im Tal erkennen, die Bologna und Florenz verbindet. Silberdisteln finde ich sogar.

*Da fällt mir das Gedicht „Silberdistel" von Reiner Kunze ein:* [2]

> *„Sich zurückhalten*
> *an der Erde*
>
> *Keinen Schatten werfen*
> *auf andere*
>
> *Im Schatten der anderen*
> *leuchten"*

---

2  Reiner Kunze Gedichte, S. Fischer, 4. Auflage, 2001

*Das passt gut zum unauffälligen Leben des Einzelwanderers.*

*Auf einer kleinen Lichtung mache ich in der Sonne Rast. Der Wald-*
*boden ist trocken und weich, „Autan" hält schließlich auch noch die*
*Mücken fern. Es ist vollkommen still … Als ich wieder aufwache, hat*
*sich nichts an der idyllischen Stille geändert, nur die Ameisen haben mich*
*entdeckt und krabbeln aufgeregt umher. Es ist eine dieser wunderschönen*
*Tagesetappen, die immer im Gedächtnis bleiben.*

Später suche ich meinen Weg querfeldein hinunter nach Traversa
zur „Albergo Jolanda". Vor der Tür sitzen Ausflügler, die mit
ihren Motorrädern gekommen sind; gerade ist der „pranzo" zu
Ende, die gemächliche Mittagsmahlzeit. Später gehe ich zur
Kirche, dort hält ein farbiger Geistlicher die Messe. „Was für ein
Gott wäre das, der ständig strafend in das Leben der Menschen
eingriffe, wie es der Prophet Habakuk verlangt? Unser Gott ist
ein Gott der Liebe und der Langmut." Klar und verständlich sind
seine Worte für mich. Fast hätte ich mich anschließend nicht auf-
gerafft, um an der Sakristei anzuklopfen, nach einem weiteren
Pilgerstempel zu fragen. Da wartet eine echte Überraschung: Aus
einem Nebenzimmer kommt ein weiterer farbiger Geistlicher.
Dieser ist gestern erst aus Aschaffenburg mit dem Auto hierher
in den Apennin gekommen! Wir kennen uns vom Sehen und
über gemeinsame Bekannte!

---

### Sonntag, 3. Oktober

Wetterwechsel über Nacht, es ist wieder einmal regnerisch, neblig
und kühl. Das passt zur nächsten Station. Nach einer Stunde erreiche ich den Passo della Futa, seit uralten Zeiten der zentrale
und wichtigste Übergang über den Apennin. Hier liegt ein großer
Soldatenfriedhof für deutsche Soldaten. 30.000 Gefallene liegen dort
begraben. Der Friedhof wurde in den 60er Jahren von deutschen
Architekten in der jetzigen Form geplant, bereits früher aber
gab es am selben Ort einen großen Friedhof. Die Gräber sind

in einer lang gezogenen, schier unendlichen Spirale angeordnet. Die meisten der Toten, vielleicht 2/3, sind junge Leute Anfang der Zwanzig gewesen. Von August 1944 bis April 1945 zogen sich die Gefechte hin, die den Marsch der Angloamerikaner nach Norden verhindern sollten. Man kann diesen Wahnsinn schlicht nicht verstehen.

Auf schmalen Waldwegen geht es weiter, stellenweise verläuft der Pfad auf einem ganz schmalen Bergrücken, dann und wann ist es eine echte Kletterei. Das Wetter wird nur zeitweise besser. Immer wieder bildet die tief hängende Wolkendecke einen dichten Nebel.

Da treffe ich unterwegs auf zwei Wanderer, eine Amerikanerin, die seit Langem in Bologna lebt und ihren italienischen Begleiter. Sie machen gerade eine Pause und essen gemütlich. Schon früher sind sie diesen Weg gegangen, lieben die Landschaft und erzählen mir von einer sich ausbreitenden Unsitte: Motocross auf schmalen steilen Waldpfaden. Jede Woche komme es zu einem tödlichen Unfall, natürlich sei dieser Sport auf den meisten Wegen verboten, aber das störe die Wenigsten. Das erklärt endlich die Reifenspuren, die ich seit einiger Zeit gesehen habe; für ein Mountainbike waren sie viel zu kräftig, aber auf diese Idee bin ich nicht gekommen. Und tatsächlich, wenig später begegnen uns zwei Fahrer mit einem Höllenlärm. Sie stoppen zwar sofort ab und lassen uns passieren, aber es stört dennoch.

Der Hochnebel und die tief hängende Wolkendecke reißen mittags hundert Höhenmeter tiefer auf, als ich etwas abgestiegen bin, die Sonne bricht durch. Hinter mir liegt der nebelverhangene Passo della Futa, vor mir kann ich die Tallandschaft des Mugello sehen, der Apennin ist fast schon überwunden. Noch habe ich die völlig falsche Vorstellung, dass doch jetzt die meisten Höhenmeter bis Rom geschafft sein müssten. Was für ein Irrtum! Es wird noch sehr schweißtreibend werden. Unbemerkt habe ich die Grenze zwischen der Emilia Romagna und der Toscana überschritten! Noch ist wenig von den typischen milden Hanglandschaften voller Pinien und Zypressen zu sehen.

„Auf uralten Straßen durch den Apennin"

In Sant'Agata komme ich heute zur „Villa Sorripa". Signora Giovanna Vannini beherbergt Gäste in diesem 200 Jahre alten wunderschönen Gebäude. Es liegt in einem großzügig gepflegten, alten Garten und dieser wird umfasst und eingehegt von einer hohen alten Steinmauer. „Nehmen Sie doch bitte draußen Platz, ich komme gleich. Möchten Sie so lange etwas trinken?" Was für ein herrliches Gefühl! Plantanen, Feigenbäume auf den Rasenflächen, Weinranken an der Hauswand, milder herbstlicher Sonnenschein. Kein nasses Hemd klebt mehr am Rücken, die schweren Schuhe ausgezogen, ein „hortus occlusus", ein kleines Stück vom Paradies öffnet sich für mich.

Zwei Freunde wollen hierher kommen, Karl-Heinz und Gertrud aus Alzenau. Er will mit mir eine Strecke bis nach Fiesole wandern. Erst einmal kocht Signora Vannini für uns am Abend. Ein italienischer Vater mit seinem 13-jährigen Sohn ist ebenfalls zu Gast. Sie gehen schon zum zweiten Mal gemeinsam den Weg von Bologna nach Florenz. Nach dem Abendessen müssen sie noch unbedingt ins

Dorf, um das Serie A Fußballspiel Juventus Turin gegen Inter Mailand zu sehen. Wir essen mit der Signora in Ruhe zu Abend, gepflegt mit Pasta, Gemüse, etwas Kalbfleisch, Obst und Käse, Weißwein und Rotwein. Ein wenig funktioniert die Unterhaltung in Italienisch. Signora Vannini freut sich über ihre deutschen Gäste, die die Wunder der italienischen Küche genießen.

## Montag, 4. Oktober

Heute gehen wir also zu zweit los. Nach langen Wochen des einsamen Wanderns habe ich wieder einen Begleiter. Gertrud bringt ihren Mann am Morgen zur „Villa Sorripa" und wir verabreden uns für den übernächsten Tag in Fiesole. Wir haben Glück, wieder ist es ein milder sonniger Morgen. Und jetzt gibt es viel zu erzählen. Natürlich will Karl-Heinz wissen, was der lange Weg bisher alles gebracht hat. Wir sind beide Freiberufler und selbstständig, da mischt sich ständig Berufliches und Privates. Unser Weg führt uns von Sant'Agata über wenig befahrene, kleine Straßen und offenes Gelände im Sonnenschein nach San Piero a Sieve. Hier kehren wir erst einmal für einen guten Cappuccino ein. San Piero ist das Zentrum des fruchtbaren Mugello, das vom Flüsschen Sieve durchzogen wird. Es liegt nur 206 m über dem Meeresniveau. Eine gewaltige Festung gibt es hier. Die Medici ließen sie im 16. Jahrhundert erbauen mit gewaltigen Mauern aus Backsteinen. Sie wurde militärisch nie genutzt.

Aber wir wollen weiter zum Monte Senario. Unter Bahngleisen hindurch und am Flüsschen entlang, dann einen kleinen Abzweig nehmen, richtig verwinkelt ist die Strecke aus dem Städtchen hinaus, schwer zu finden ohne Karte. Jetzt sind die für uns so typischen toskanischen Gehöfte zu sehen: Das Landhaus in Ockertönen, umstellt von einigen Zypressen und umgeben von Olivenhainen. Der Anblick ist einfach ein ästhetischer Genuss, aber die Bewirtschaftung ist heutzutage sicherlich nicht ganz einfach.

Jetzt wird das Wetter schlechter, leichter Nieselregen beginnt und wir steigen stetig bergan, vorbei an der großen Abtei Badia del Buonsollazo, die verlassen und zum Teil verfallen auf einem weiten, offenen Feld liegt. Schließlich bleibt nur noch ein schmaler Pfad auf einem schmalen Bergrücken. Zu beiden Seiten an den Hängen sind wieder die vertrauten Eichenwälder. Der Regen wird stärker und der Weg zieht sich, die lehmige Erde ist rutschig und tief. Es wird neblig, wahrscheinlich sind es wie schon gestern die tief hängenden Wolken. Dann taucht vor uns das Kloster Monte Senario auf. Kalt und abweisend wirkt die Anlage durch den grauen Naturstein, aus dem sie erbaut wurde. Der Nebel und die kalte Witterung tun ein Übriges. Sieben Adelige zogen sich im Jahr 1233 hierher in die Einsamkeit zurück und widmeten sich der Marienverehrung. Sie sind die Gründer des Servitenordens. Der Einfluss von Franziskus ist deutlich zu spüren, schließlich war er ja gerade fünf Jahre zuvor heiliggesprochen worden. Die jetzigen Gebäude auf dem Monte Senario entstanden viel später. Heute ist es ein Wallfahrtsziel auf 800 Metern Höhe. Von hier soll bei schönem Wetter Florenz mit der berühmten Brunelleschi-Kuppel des Domes zu sehen sein.

Wir müssen weiter hinunter nach Bivigliano, denn der Gasthof hier oben ist geschlossen. „La Bruna" ist ein recht rustikaler einfacher Gasthof, aber auch hier gibt es eine heiße Dusche und Hunger haben wir wie immer. Nachts rauscht der Regen gleichmäßig nieder.

---

*Dienstag, 5. Oktober*

Tiefhängende Wolken, aber kein Regen! Gut gefrühstückt und trockene Sachen, so kann der Tag beginnen. Die letzte Etappe vor Florenz. Durch feuchte Wiesen schlängelt sich der Weg bergauf. Dabei spüre ich langsam aber sicher nasse Füße, nach 1000 Kilometern sind die Schuhe hin. Über den Passo della Catena, den „Kettenpass", der viel martialischer klingt als er ist, geht es durch lichte Wälder immer weiter Richtung Fiesole. Die Sonne bricht durch, es wird doch wieder ein schöner Tag. Noch einmal geht es aufwärts zum Gipfel des Poggio Il Pratone mit 700 m Höhe. Hier gibt es einen herrlichen Rundumblick in die Toskana, zurück auf die Hänge des Apennin und des Monte Senario. Eine Steinplatte trägt ein eingeprägtes Gedicht von Bruno Cicognani. Es ist eine Hymne auf die Schönheit der Toskana:

*„Und in diesem Kreis, der recht eigentlich dein Herz ist, o Toskana, stehen die liebsten und schönsten Dinge der Welt, meiner Welt."*

Jetzt geht es sanft abwärts, bis die ersten Gärten auftauchen, die Oliven und die ersten Gehöfte vor Fiesole. Wir suchen uns ein schönes Café und rufen Gertrud an. Mein Freund ist froh, dass er die Tour gut überstanden hat. Die schmalen, rutschigen Wege, der Wetterwechsel, die Konzentration und Dauerbelastung, das hat ihn doch gefordert. Und es hat mir gezeigt, wie sehr ich mich schon an das Leben unterwegs gewöhnt habe. Später zuhause bin ich immer wieder einmal gefragt worden, ob ich nicht zwischendurch ans Aufgeben gedacht habe. Merkwürdigerweise eigentlich nie. Abends, manchmal völlig kaputt im Bett, kam schon einmal der Gedanke: Was für eine Verrücktheit, diese ganze Unternehmung! Aber morgens war das immer wie weggeblasen. Zu groß war die Neugier auf den Tag, die neue Strecke, das Weiterkommen nach Süden, und immer gab es so viel zu erleben, zu bestaunen und zu bedenken auf den langen einsamen Strecken.

*Samstag, 9. Oktober*

Einige Tage verbringe ich mit den Freunden in Fiesole. Eine kleine Pension, ein einfaches Zimmer mit dem Badezimmer auf dem Flur, das passt zu meinem Reisestil, den ich auch bei einem Aufenthalt in der Stadt nicht verändern möchte. Die alte Pensionswirtin freut sich über den ungewöhnlichen Besuch und wäscht mir sogar einmal meine Sachen durch. Eine Dachterrasse lädt zum Sitzen ein. Sie ist vollgestellt mit Wäscheständern und vielen Zitronenbäumchen in Kübeln, ein Tisch steht in der Mitte. Weit schweift der Blick in die Hügellandschaft der Toskana, ein Höhenzug erhebt sich über den nächsten, bis alles in einem dunstigen Hellblau am Horizont verschwimmt.

Fiesole ist ein uraltes Städtchen etruskischer Gründung. Die Römer nahmen es ein und bauten ein Theater, das gut erhalten ist und von italienischen Schulklassen besucht wird. Der Dom San Romolo hat seinen romanischen Stil unverfälscht erhalten. Seine einfachen, klaren Proportionen innen wie außen sind eine wahre Wohltat für das Auge. Er liegt am Hauptplatz, hier war schon das Forum des antiken Faesulae. Der Platz ist unregelmäßig etwa trapezförmig geformt und steigt an zum Palazzo Pretorio und zur Kirche Santa Maria Primerana. Der Palazzo hat eine wunderschöne Loggia mit schlanken Säulen aus dem 15. Jahrhundert. Die benachbarte Kirche hat später ebenfalls einen Säulenvorbau erhalten. Beide zusammen schließen den Platz ungemein harmonisch ab. Etwas tiefer auf dem Platz steht ein Bronzemonument aus dem frühen 20. Jahrhundert, zwei Männer auf Pferden: Die geschichtsträchtige Begegnung von Viktor Emmanuel II. und Garibaldi.

Es ist ruhig hier oben, mehr als 200 Höhenmeter über der florentinischen Ebene. Vom bevorzugten Café hat man einen freien Blick nach Florenz und kann „la cuppola" bestaunen, die ehrfurchtgebietende, majestätische Riesenkuppel des Doms. Dort startet auch die Buslinie, die in einer Viertelstunde bis ins Zentrum von Florenz fährt. Etwa um 10 Uhr am Vormittag kommen die ersten Touristen mit dem Bus in das beschauliche Städtchen, das als Kontrast zum Touristenrummel von Florenz so beruhigend wirkt. Jetzt im Herbst sind es meist ältere Touristen, kunstsinnig und lebenserfahren, sie kennen die richtige Mischung aus Besichtigung und Martinipausen.

Ein sonniger Morgen in Fiesole. Nach einigen Tagen habe ich mich zurechtgefunden und werde in der Frühstücksbar als „Stammgast" begrüßt. Als ich in einem Papierwarengeschäft einige Kopien mache, erzählt mir die Ladenbesitzerin, dass sie vor fünfundzwanzig Jahren aus Deutschland eigentlich nur zu einem Sprachkurs nach Florenz kommen wollte, dann ihren Mann kennengelernt hat und „hängen geblieben" ist.

Gertrud hat Karten für die Uffizien besorgt, als ich mit Karl-Heinz noch unterwegs bin. Wir treffen uns am Morgen und können ohne Wartezeit in den alten Palast. Wir gehen zunächst in den langen lichten Saal, in dem die antiken Statuen versammelt sind. Überwältigend: So viele Plastiken, Statuen und Büsten in einer solch wunderbaren Qualität zu sehen, das ist fast mehr als ich aufnehmen kann. Stunden könnte ich in der Betrachtung der Flora zubringen, die jugendliche Leichtigkeit der Figur bewundern, die Zartheit im Ausdruck, im Faltenwurf des leichten Gewandes. Und so geht es hier „am laufenden Band". Und dann die Gemäldesammlung, die, wenn möglich, noch berühmter ist! Auf der Dachterrasse im Anblick des Domes erholen wir uns bei einem Cappuccino. Wir streifen durch die Stadt, die wieder voller Touristen gleich uns ist. Es ist der letzte gemeinsame Tag.

## Sonntag, 10. Oktober

Abschied von Fiesole. Am Morgen gehe ich mit meinem gepackten Rucksack in den Dom zum Hochamt. Ein lebhafter Gottesdienst mit jugendlichen Messdienerinnen und vielen Familien. Der Bischof ist da, die Predigt hält ein Priester, der offensichtlich schwer krank ist, sich schwerfällig an einem Stock bewegt und auch Sprechstörungen hat. Was er aber sagt, ist klar. Es geht um die fühlbare Liebe Gottes in der Welt. Am Ende ruft der Bischof das Ehepaar, das gestern Abend seine Goldene Hochzeit gefeiert hat, nach vorne und stellt sie ausdrücklich allen jungen Leuten als gutes Beispiel vor: „Stellt euch einmal vor, was für ein leuchtendes Beispiel diese beiden sind! Leicht wird das nicht immer gewesen sein, aber wie toll ist es, dass sie zusammen ausgehalten haben!" Und gleich danach: „Und dass ihr mir nicht gleich alle wieder davon lauft, draußen gibt es jetzt Kaffee und dann reden wir noch ein bisschen miteinander!"

„Fiesole – Am Domplatz nach der Sonntagsmesse"

Viele junge Familien sind vor dem Dom mit Kinderwagen und Buggys; jetzt stehen die „bambini" im Mittelpunkt. Beim Kaffee spreche ich den Bischof an und erzähle ihm von meiner Pilgertour. Und wie viele lebendige Gemeinden ich auf meinem Weg schon erlebt habe. Er schaut mich ganz ernst an: „Beten Sie für uns auf Ihrem Weg, wir können das alle brauchen". Der Priester, der die Predigt gehalten hat, geht mit mir ins Pfarramt des Domes, damit ich noch einen Pilgerstempel erhalte. Dabei erzählt er mir, dass er schon dreimal operiert worden sei; jetzt, nach der dritten OP, sei die Gehbehinderung zurück geblieben. Er grinst mich an: Mal sehen, wie lange ich jetzt ohne Ärzte und OP auskomme. Dann wünscht er mir alles Gute für den weiteren Weg.

Am Sonntagabend hole ich Christoph am Flughafen ab. Wir haben uns für eine Woche zum gemeinsamen Wandern verabredet. Christoph kennt Italien und seine Sprache hervorragend aus früheren langen Aufenthalten. Aber diese Region ist neu, in die wir aufbrechen wollen, noch dazu zu Fuß. Bei einem Streifzug durch die Innenstadt von Florenz genießen wir erst einmal die überwältigende Ansicht von Dom und Baptisterium im Abendlicht, dann feiern wir den Beginn der gemeinsamen Zeit mit einem guten Abendessen. Der Tisch ist im Restaurant an der Piazza San Marco reserviert, der Kellner freut sich an seiner gut aufgelegten Kundschaft. Und wir haben Zeit und erzählen lange.

„Abschied von Florenz"

# Umbrien – Durch franziskanisches Land

Der Nahverkehrszug bringt uns in einigen Minuten nach San Ellero, dem Startpunkt des Franziskusweges von Florenz nach Rom, so wie er von Kees Roodenburg (Outdoor, Italien, Franziskusweg Stein-Verlag) beschrieben ist; der kleine handliche Führer passt gut in die Hosentasche und ersetzt viele Karten.

Heute warten 1000 Höhenmeter Anstieg bis zum Passo Consuma auf uns. Wir gehen es bedächtig an. Aus dem Tal führt der Weg durch kleine Ortschaften stetig empor. Immer wieder fallen uns Neubauten auf, anscheinend liegt das hier alles noch im Einzugsgebiet von Florenz. Die erste Rast legen wir in einem Weinberg ein. Es ist warm genug für die Rast im Freien; die Steine werden noch immer etwas erwärmt von der Sonne. Aber beim weiteren Steigen ändert sich das Wetter und wir geraten in nebelartige, niedrige Bewölkung. Hier wird es gleich empfindlich kalt. Das ist anscheinend typisch für diese Gegend im Herbst, aber in diese Höhe verirrt sich der „normale Florenztourist" ja auch nicht. Der Weg zieht sich hin und erst nach sechs Stunden kommen wir auf der Passhöhe an und finden das Hotel. Ein Kaminfeuer brennt und verbreitet wohlige Wärme, wir essen in Ruhe im Hotel.

*Dienstag, 12. Oktober*

Am nächsten Morgen geht es zunächst mit dem Bus ins Tal nach Stia, um von dort wieder aufzusteigen. Ich habe mir Gedanken gemacht, wie wir zu zweit die Woche am besten einteilen und überstehen. Für den Untrainierten sind die ersten zwei Tage ganz gut zu gehen, der dritte Tag ist aber üblicherweise sehr hart. Muskelkater, Erschöpfung und der Wunsch des Körpers nach Erholung kommen zusammen. Also nehmen wir uns für heute noch einmal eine kräftige Steigung vor, wieder sind es 900 Höhenmeter hinauf zur Eremo di Camaldoli, dem uralten Kloster. Stia gehört zu Arezzo und der Toskana, aber es liegt abgelegen in den Bergen, zumindest nach unseren heutigen Maßstäben. Die Römer haben es gegründet und eine alte Straße führte von hier nach Rom.

Dann geht es hinauf zum Dorf Lonnano. Dort kommen wir gerade noch rechtzeitig an, um ein wenig Proviant für das Mittagessen zu kaufen: Salami, Brot, Käse und Weintrauben. Eine Katze wittert die Salami und will auch versorgt werden, als wir uns auf einer Bank an der alten romanischen Kirche hinsetzen. Diese einfachen romanischen Bauformen sind beeindruckend, schlicht und überaus aussagekräftig: Kein Firlefanz, kein überflüssiger Schmuck, aber ganz eindeutig als steinernes Zeichen zwischen Himmel und Erde in dieser Welt erkennbar.

„Steinige, südliche Landwege"

Eine lang gestreckte Bergschulter entlang steigen wir nach und nach bis auf 1200 m Höhe. Das ist wirklich anstrengend, denn die Wege sind mühsam und immer voller Geröll, auf jeden Schritt müssen wir achtgeben. Dann erreichen wir die Eremitage über den einsamen Zugang des waldreichen Pilgerwegs. Wir haben Glück, die letzten Sonnenstrahlen beleuchten die alten, kleinen, steinernen Zellen, als wir ankommen und tauchen die grauen Steinbauten in ein goldenes Licht. Das kleine Kloster wurde 1012 von Romuald, dem Spross einer herzoglichen Familie, gegründet. Die Kamaldulenser sind ein strenger Reformorden. Wieder einmal zurück zu den Wurzeln Benedikts: Einfach leben und jede Pracht vermeiden. Als Franz hier 1223 nach seiner Rückkehr aus dem Nahen Osten einen Monat ausruhte, wird ihm das Schweigegebot der Gemeinschaft vermutlich wenig ausgemacht haben. Die kleinen Steinhäuser sind noch im Zustand der damaligen Zeit. Was für eine Ruhe strömt der ganze Ort aus! Natürlich sind auch zu dieser Jahreszeit keine Besucherströme mehr da. An der Pforte plätschert eine gefasste Quelle gelassen in einen Steintrog, gutes kaltes Trinkwasser. Der Innenhof ist grob gepflastert und verschlossen; die Kirche jedoch ist anders als die Zellen in den kleinen Häusern öffentlich zugänglich. Es ist schon dunkel, als wir endlich durch den Wald nach Camaldoli absteigen. Nur ein Fahrzeug begegnet uns auf der ganzen Strecke. Natürlich, wer soll jetzt auch schon noch zum Kloster fahren. Es ist nach Einbruch der Dunkelheit geschlossen. Die „Welt" bleibt während der Nacht draußen. wie schon seit 1000 Jahren.

Um diese Jahreszeit sind die Gasthöfe verschlossen. Aber wir werden nach einem Anruf abgeholt und übernachten im „Tre Baroni", einige Kilometer entfernt: eine komfortable Unterkunft mit wunderbar warmen Zimmern und gutem Essen. Und das ist jetzt wirklich ein schöner großer Unterschied zum Alleinreisen, die Gespräche am Abend: Bei einem Glas Wein abends in immer weiteren Kreisen um das am Tage Erlebte herum erzählen und die Gedanken schweifen lassen.

Heute also nur eine kleine Etappe. Von Camàldoli führt die CAI-Route 72 auf einer alten, befestigten Straße steil nach oben an einer Schutzhütte vorbei. Neben der Route ist der Boden überall aufgewühlt und regelrecht umgepflügt. Das kann nur von den Wildschweinen stammen. Wir sind hier im Naturpark des Casentino mit strengen Beschränkungen der Jagd. Das wissen die Sauen und kommen auf der Suche nach Futter bis dicht an die Ortschaften heran.

Es geht über einen Höhenzug mit dichtem Bewuchs, der Regen beginnt aus der niedrigen Wolkendecke zu tropfen. Aber wir lassen es uns nicht verdrießen und kommen nach ein paar Stunden in Badia Prataglia an, dem Hauptort des Nationalparks, der jetzt außerhalb der Saison wie ausgestorben da liegt. Nach einigem Hin und Her finden wir eine Unterkunft im Hotel „Giardino", einem richtigen Berggasthof. Wir stärken uns erst einmal mit einem Kaffee. Der Wirt stellt uns einen Teller Gebäck dazu: „Für San Francesco". Er hat den Zweck unserer Wanderung erfahren. Hier ist Franziskus sehr präsent. Mittelitalien ist von ihm bis heute tief geprägt, wie wir noch weiter erleben dürfen.

Schräg gegenüber dem Hotel liegt die uralte Kirche. Wir schauen sie uns nach dem Kaffee an und treffen auf den Pfarrer. Er freut sich über die Besucher und führt uns herum. Die Kirche stammt aus dem 10. Jahrhundert und ist ein romanischer Bau im langobardisch-byzantinischen Stil. Der Innenraum ist wenig geschmückt, fast karg, das Mauerwerk überall sichtbar. Ein modernes Kreuz aus angerostetem Stahl kontrastiert und passt dennoch hervorragend dazu. Wir sind beide beeindruckt und erinnern uns an viele gemeinsame Besichtigungen in anderen Teilen Italiens vor vielen Jahren. Das hier in den Bergen ist aber ein ganz anderes Italien, als wir es bisher kennen. Der Pfarrer schließt uns auch noch die Krypta auf, die sich unter der Hauptkirche befindet. Sie soll aus dem 8. Jahrhundert stammen. Wenige Stufen führen hinab, feucht ist der Innenraum, ein einfacher Steinaltar steht an der Stirnfront.

Er sagt uns, dass die Mittel zum Erhalt der Kirche knapp sind. Wo wir zwei Deutsche überhaupt herkommen um diese Jahreszeit? Und es entwickelt sich ein langes Gespräch. Deutsche Besatzungstruppen waren im Zweiten Weltkrieg auch hier, immer noch ist das ein Thema, aber es gibt gute Verbindungen nach Deutschland: Die Tochter des Küsters hat nach Deutschland geheiratet. Um 18 Uhr kommen wir wieder und feiern die Gemeindemesse mit.

„Das Kloster auf dem Felsen von La Verna"

## Donnerstag, 14. Oktober

*Wie sehr hängen unsere Eindrücke und Gedanken mit der Art und Weise zusammen, wie wir einer Sache begegnen. Das wurde mir so richtig bewusst, als Christoph und ich nach einem langen, anstrengenden Wandertag in La Verna ankamen.*

*Den ganzen Tag hatten wir mit Nebel, schlechter Sicht, vielen Höhenmetern und Kälte zu kämpfen. Und dann das: Die Wolken reißen kurz auf* und geben uns den Blick auf den felsigen Gipfelaufbau von La Verna frei, jenem Felsengelände, in das sich Franziskus mehrere Male für vier Wochen zurückgezogen hatte. Hier empfing er 1223 die Stigmata, die Wundmale, wie sie Jesus hatte. Er versuchte sie vor seinen Gefährten zu verbergen. Noch einmal bricht die Sonne durch und wir machen abwechselnd ein Foto vom Gipfel, merkwürdig berührt. Es ist nicht mehr als ein hilfloser Versuch, von diesem Moment und seiner sonderbaren Stimmung etwas festzuhalten.

„Aufstieg zum Kloster"

Später geht es auf dem alten, steilen Weg zum Kloster hinauf und wir erreichen den bekannten großen freien Platz vor der Kirche mit Kreuz und weitem Blick. Wir sind alleine hier, sehr still und mit den Gedanken bei Franziskus, dem wir uns tagsüber angenähert haben. Dieser Ort, der diese große Bedeutung im Leben des Franziskus gehabt hat, macht auf uns einen mächtigen Eindruck. Vielleicht gerade, weil er einem modernen Menschen zunächst einfach unheimlich sein muss.

Christoph hat einen Text von Jungclaussen dabei, einen Lobpreis Gottes, zu dem der Herausgeber schreibt, man solle ihn nur bei großer innerer Ruhe lesen, er sei sonst überhaupt nicht zugänglich. Wir lesen ihn und er macht wenig Probleme, so sehr sind die Eindrücke reduziert und die Sinne gleichzeitig konzentriert, eine große innere Freude breitet sich aus.

Da kommt eine Schar französischer Besucher und strömt auf den Platz, in die Kirche. Mit raschen Bewegungen und permanentem Reden erkunden sie jeden Winkel auf der Suche nach Eindrücken, die sie gleichzeitig kommentieren. Sie sind mit dem Bus gekommen und haben den Komplex von der anderen, der „touristischen" Seite betreten. Die Ruhe ist vorbei und wieder habe ich den Eindruck, dass sich die spürbare und aussagekräftige Atmosphäre des Ortes zurückzieht, er wird zum touristischen Besichtigungsstück. So habe ich das öfters bei Kirchen erlebt, die völlig verschieden wirken, je nachdem, ob eine Gemeinde zum Gottesdienst den Kirchenraum füllt oder eben Touristenströme.

*Und da fällt mir ein, dass wir heute oft doch einen sehr reduzierten Begriff vom Verstehen haben: Wir schauen etwas an, lesen etwas, stehen oder sitzen dabei und meinen dann gleich, das Neue zu „ver-stehen" oder gar zu „be-greifen". Powerpoint lässt grüßen! Wir greifen ja eben nur noch abstrakt nach der Neuigkeit, unser Körper ist nicht mehr richtig dabei. Wie statisch kommt mir das vor im Vergleich zu den vielen Eindrücken, die ich in der Bewegung, in der Annäherung gleichsam mit allen Sinnen erfahren habe und die meinen Blick und meine Auffassung in der Bewegung des gleichmäßigen Wanderns verändert haben.*

Wir verlassen den Naturpark auf steilen steinigen Wegen, die Spuren der Wildschweine werden seltener. Immer wieder kommen wir an verlassenen Gehöften vorbei, aufgegeben weil nicht mehr rentabel, so wie überall. Allein der „agriturismo", der Urlaub auf dem Bauernhof ist für manche die Überlebenschance.

Der Nebel, der uns zuverlässig oberhalb von 1000 Höhenmetern eingehüllt hat, reißt auf und die Sonne erwärmt etwas die Szenerie; bei 14 °C ist das Wandern schon viel angenehmer als bei nass-kalten 10 °C. In dem kleinen Ort Montalone finden wir eine Bar zum Mittagessen. Die Männer vom Nachbartisch sprechen uns an, auf welchen Wegen wir denn gehen. Sie seien beim CAI, dem italienischen Alpenverein, der auch hier in Umbrien Wege markiert. Und wir sprechen über die gute Wegemarkierung, die uns sehr hilft. „Ja", meinen sie, „das Wandern sei auch hier zunehmend attraktiv."

„Von La Verna nach Assisi – Der zentrale Teil des „Franziskusweges"

Es geht hinab ins Tibertal nach Pieve Santo Stefano (bedeutet Pfarrei vom Hl. Stefanus) und weiter am Tiber entlang bis nach Sansepolcro. Ein wunderschöner romanischer Dom überrascht uns hier mit seiner klaren Gliederung. Im Seitenschiff ein romanisches „Volto Santo" (heiliges Angesicht), eine eindringliche, überlebensgroße Darstellung von Christus als König am Kreuz.

Am Abend feiern wir erst einmal die gemeinsame Ankunft im „Fiorentino – Locanda Giglio" mit einem prächtigen Abendessen. Bei der Frage nach einem Dessert fährt der „padrone" einen mehrstöckigen Servierwagen voller Köstlichkeiten herein: Torten, Reisauflauf, Früchtezubereitungen aller Art, Eis und natürlich verschiedene Schokoladencremes. Wir können uns kaum entscheiden, bis er uns schließlich einen Teller mit vier Kostproben zurecht macht.

Die Tage des gemeinsamen Wanderns sind zu Ende. Die Woche war wunderschön, bei aller Anstrengung, trotz Regens, Müdigkeit und ständiger Höhenmeter.

Das gemeinsame Erleben bringt noch einmal die Frage mit sich, was denn eigentlich besser oder schöner ist: Das Wandern alleine oder zu zweit, also in Begleitung? Ich kann die Frage nicht beantworten, denn jede Art hat für sich ihre Besonderheit. Zu zweit mit einem vertrauten Begleiter ist es natürlich schöner, das gemeinsame Erlebnis wird zu einem Schatz. Aber eines ist auch klar: Die größere, innere Ruhe wartet auf den Einzelwanderer.

---

*Sonntag, 17. Oktober*

Als ich von Sansepolcro aufbreche, bin ich wieder alleine und erst einmal in trauriger Stimmung. Christoph ist morgens mit dem ersten Bus nach Arezzo gefahren, das auf dem Weg zurück nach Deutschland liegt. Das Wetter passt zu meiner gedämpften Stimmung, es ist wolkenverhangen und kühl. Nun geht es zunächst wieder einige Höhenmeter hinauf in die Berge. Dabei begegne ich auf dem schmalen Weg Wildschweinjägern, die mit leuchtenden Warnwesten gekleidet sind, Gewehre schussbereit halten und den Taleinschnitt beobachten. Von gegenüber erschallen Hundegebell und laute Rufe, mit denen die „cinghiali" aufgescheucht werden sollen. Das alles ist wenig vertrauenerweckend. Ich mache so schnell wie möglich, um dieser martialischen Umgebung zu entgehen und erreiche bald das kleine franziskanische Kloster von Monte Casale. Wieder ist der Fußweg getrennt vom heute üblichen Zugang über die Straße. So bleibt der ursprüngliche Eindruck der Stille eine Weile erhalten. Vom kleinen Platz vor dem Kloster hat man einen weiten Blick ins Land. Die Steinplastik eines Franziskanermönchs sitzt auf der Brüstung und schaut in die Ferne. Ich erkenne erst auf den zweiten Blick, dass es kein lebendiger Bruder ist, so natürlich ist die Haltung und so selbstverständlich der Blick in die Ferne. Ja, der steinerne Mönch hat recht, man könnte stundenlang von diesem Aussichtsbalkon schauen. Ein alter Hund regt sich kaum und lässt mich gewähren. Ich finde den Eingang zur Kirche nicht, bis mir ein Bruder den Hinweis gibt, um das Gebäude herumzugehen.

Die kleine Kirche ist im Innenraum schlicht und nahezu schmucklos, bis auf wenige Bilder. Die Deckenhöhe beträgt vielleicht drei Meter, die Steine sind einfach behauen. Sie ist leer, aber in einigen Minuten soll angeblich ein Gottesdienst beginnen und so beschließe ich, dazubleiben und einfach abzuwarten. Mit einem Mal öffnet sich die Tür und ein Strom junger Menschen ergießt sich in den Kirchenraum; Jugendliche, junge Erwachsene, junge Familien, kein Grauschopf so wie ich. Und mit etwa 50 Menschen ist die Kirche gefüllt.

Diese franziskanische Gemeinschaft feiert den Sonntagsgottesdienst mit Liedern, die von Gitarren begleitet werden. In der Predigt die eindringliche Interpretation des Evangeliums (Lk 18,1-8 Das Gleichnis vom gottlosen Richter und der Witwe): Betet ohne

Unterlass und Gott wird für den Rest sorgen! Habt einfach Vertrauen! Dieser Sprung in den Glauben ist die eigentliche Herausforderung angesichts des wachsenden Versuchs möglichst alles berechenbar, vorhersehbar, planbar zu machen, um so immer mehr (scheinbare?) Sicherheit zu schaffen.

Regen, nichts als Regen, als ich weiterwandere. Der Weg verwandelt sich in eine rutschige Piste, der Lehm wird ein zäher Schlamm, die Wanderstöcke sind dringend nötig zum Balancieren. So geht es auf der Höhe entlang durch den Wald, bis die Zeichen nach unten weisen, hinab nach Lama.

---

## Montag, 18. Oktober

*Mir hängen die Worte des Franziskaners von gestern nach: Betet ohne Unterlass und macht Euch keine Sorgen! Wie weltfremd ist das doch oder etwa doch nicht?*

*Vielleicht hat es nur eine Verschiebung gegeben: Früher war das Leben kurz, die Menschen beteten um einen gnädigen Tod, dass sie verschont werden vor dem plötzlichen Tod, der sie unvorbereitet trifft, vor dem Tor zum ewigen Leben. Aber dass der Tod rasch kam, war die tägliche Erfahrung. Heute ist das Leben lang, oft quälend lang im Alter. Da lohnte es sich vielleicht „ohne Unterlass" um die Anwesenheit des guten Geistes Gottes zu beten in diesem „ewig langen Leben". Als „Programm" ist das vielleicht nur bei wenigen Menschen präsent, aber ich meine oft zu spüren, dass es wohl im Leben der meisten, auch völlig pragmatisch im Tagesgeschäft Stehenden viele feine Verbindungsfäden gibt zum ersehnten Sinn im Leben.*

Von Selci Lama geht der Weg 800 Höhenmeter hinauf ins Mittelgebirge bis zum Rifugio Bocca Serriola. Der Einstieg in die schöne Kammwanderung ist nicht ganz leicht zu finden. Ich bin ohne Karte unterwegs und verlasse mich auf die Wegbeschreibung im „Outdoor"-Büchlein. An das Abzählen der Entfernung habe ich mich schon gewöhnt: Die Entfernung lässt sich in Minuten umrechnen, wenn, ja wenn man das eigene Tempo richtig einschätzt! Nach einigem Hin und Her und Verlaufen zeigt mir ein Bauarbeiter den Weg, es sei eine „via brutta", warnt er mich. Motocrossspuren zeigen an, wie der schmale Weg am Wochenende genutzt wird. Dann bin ich am richtigen Bergrücken und in einem weiten Bogen geht es zum Ziel. Die Aussicht auf die bunten Herbstwälder ist herrlich. Das sprichwörtlich „waldreiche Umbrien" zeigt sich in seiner ganzen Schönheit, die Bäume beginnen sich zu verfärben, tausend Farbschattierungen findet das Auge an den Hängen und kann sich nicht satt sehen. Und wie so oft treffe ich keinen einzigen Menschen. Später bewölkt es sich, da ist die Orientierung mit dem Kompass sehr hilfreich, wenn den Einzelwanderer der Zweifel packt, ob das alles denn noch stimmt. Im Mittelgebirge mit den lang gezogenen Wegbiegungen kann man bei schlechter Sicht ganz leicht die Orientierung verlieren und in die Irre geführt werden.

Noch etwas Regen, dann erreiche ich die Schutzhütte. In der nahe gelegenen Bar treffe ich zwei Schweizer Wanderer. Christoph und ich hatten sie schon einmal hinter Florenz getroffen, sie sind auf dem Weg nach Assisi, erfahrene Fernwanderer, die auch schon drei Monate nach Santiago de Compostela unterwegs waren und mir von wunderschönen Alpenüberquerungen erzählen. Aber heute schlafen sie lieber in einem richtigen Gasthof. Bald ist mir klar warum: im Rifugio ist es nämlich richtig „schattig", ca. 10 Grad Raumtemperatur. Der Ablauf wie immer: Duschen, waschen, Sachen herrichten, Notizen schreiben. Zwei junge Forstleute arbeiten hier als Waldhüter, sogenannte Ranger. Und sie brutzeln am offenen Kaminfeuer für uns drei das Abendessen. Und sogar frischen Salat gibt es! Dabei gelingt auch die Unterhaltung ein wenig. Als ich im Bett endlich warm werde, schlafe ich wieder tief bis zum nächsten Morgen.

Früh gestartet, Frühstück in der „Bar della Cima": Cappuccino und Hörnchen. Für mittags Brot, Käse und Salami eingekauft. Freundliche Menschen: „Viel Glück für den Weg!"

Es ist kühl und feucht draußen. Bocca Serriola liegt an der Passstraße, die Umbrien von den Marken trennt; die Passstraße ist wenig befahren. Die abzweigenden Waldwege werden wohl überwiegend für die Holzwirtschaft gebraucht, entsprechend breit sind sie angelegt. Leider fehlen einige Wegmarkierungen, aber zum Glück finde ich den richtigen Abzweig ins Tal.

Jetzt werden es mehr Wanderer und Pilger so kurz vor Assisi. In Pietralunga treffe ich eine ganze Gruppe von Italienerinnen, die am Abend reichlich erschöpft in das Städtchen kommen. Pietralunga weist eine Besonderheit auf, nämlich den fünfeckigen Wehrturm aus langobardischer Zeit. Das Hotel „Tinca" ist richtig warm geheizt, ein toller Kontrast zu gestern! Ich finde wieder eine Abendmesse. Eine kleine Gemeinde aus Einheimischen und zwei weiteren Pilgerwanderern hat sich versammelt. Ich bin dankbar, gut angekommen zu sein.

„Sie wollen nach Assisi, da habe ich eine Karte für Sie; hier, der Weg ist deutlich besser." Beim Aufbruch gibt es im Hotel noch gute Tipps für den weiteren Weg. Wieder wartet ein wunderschöner, kühler, sonniger Herbstmorgen. Auf der Karte entdecke ich einen kleinen Steig, der wie eine Abkürzung aussieht. Er führt schließlich abenteuerlich über eine Weide mit weißen Jungstieren, von denen ich respektvoll Abstand halte. Aber sie folgen mir neugierig, hoffentlich wollen sie mit mir nicht „spielen". Wieder über den Zaun. Dann geht es durch dichtes Gebüsch. Ein Pfad ist das nicht mehr, eher ein Trampelpfad voller Wildspuren. Ein leises Klingeln kommt näher: Ein Jäger mit seinem Hund begegnet mir; er scheint nicht sehr erfreut, mich hier zu treffen. Verscheuche ich ihm irgendwelches Wild? Der Hund trägt ein Glöckchen am Halsband, das soll ihn wohl vom Jagdwild unterscheiden. Diese merkwürdige italienische Angewohnheit, überall jagen zu dürfen. Dann öffnet sich eine Lücke im Gebüsch und ich finde den richtigen Abstieg ins nächste Tal und bleibe erst einmal auf dem Weg.

Nie kommen irgendwelche Zweifel am Weg und am ganzen Unternehmen, solange es durch schönes Gelände geht, sei es noch so anstrengend. Die Landschaft, der Weg, der Himmel, der Duft der Erde, die Freude, dass der Körper mitmacht, auch wenn der Morgen müde beginnt, spätestens nach einer Stunde geht es wieder gut vorwärts; das alles ist wunderbar. Nein, Zweifel kommen am ehesten in einem kalten Hotelzimmer mit klammer Bettwäsche, aber das sind zum Glück seltene Momente.

Eine alte Frau winkt mich bei einer Rast herbei. Tisch und Stuhl stehen da, sie bringt mir frische Trauben. „Da haben Sie noch einen schönen Weg vor sich!" Dabei geht es heute ja nur noch bis Gubbio. Ausgedehnte große Ackerflächen ziehen sich entlang des Weges. Sie werden mit Raupenschleppern bearbeitet, nicht mit Traktoren. Die Traktoren würden bei Regen sofort im Schlamm der feinkörnigen Erde versinken.

Gubbio, die uralte umbrische Stadt, liegt am steilen Hang. Dahinter erhebt sich noch gut 150 Meter kulissenartig die Hügellandschaft. Der Wanderweg führt am antiken Theater vorbei. Es ist gut erhalten, im Sommer finden hier Aufführungen statt. Jetzt spielt eine ganze Gruppe Männer Boccia und treibt die Kugeln vor sich her; Kinder ziehen im Tross hinterher und begutachten die Würfe.

Später in der Stadt: Hier, so nahe an Assisi, sind die Wirte auf die Pilgerreisenden eingestellt. In der Albergo Grotta dell'Angelo finde ich ein Zimmer. Es gibt klare Informationen und Regeln:

Abendessen um 19 Uhr. Ein bisschen will ich von der Stadt noch sehen, auch wenn die Füße schmerzen. Die Stadt am Hang bietet große Höhenunterschiede, ständig geht es steil bergauf oder bergab. Aber die Bauwerke sind großartig; der Platz vor der Signoria ist mit roten Steinen ausgelegt, die gut zu den weißen Gebäuden passen; ein atemberaubender Blick über das ganze Tal bietet sich in der Abendsonne. Die ganze Szenerie ist wunderbar friedlich und ruhig, die Menschen genießen alle die Herbstsonne. Kein Autoverkehr stört die Ruhe auf dem weiten Platz.

*Dann finde ich wieder eine Abendmesse in San Giovanni. Ein jüngerer Priester tritt ein. Seine Kleidung wirkt vernachlässigt, fast abgerissen. Er richtet mit vorsichtigen Bewegungen den Altar her. Im Messgewand strafft sich dann seine Figur sichtlich und bei der Predigt lebt er auf, die Augen leuchten eindringlich: „ora e qui"; jetzt und hier sei mit Jesus zu rechnen und so sollen wir leben, jeden Tag!*

Am Abend sind die beiden Schweizer ebenfalls im Hotel. Beim Abendessen sprechen wir über den weiteren Weg bis Assisi und sie animieren mich zu einer langen Etappe für den nächsten Tag, noch einmal weit über dreißig Kilometer. Sonst sei es zu langweilig.

---

## Donnerstag, 21. Oktober

Am Ortsausgang steht eine Bronzeplastik von Franziskus und dem Wolf. Sie spielt auf die Legende an, nach der Franz hier einen wilden Wolf zähmte, der die Gegend in Schrecken versetzte. „Bruder Wolf" war dann das Raubtier für den kleinen Mönch.

In der Talsenke unterhalb Gubbio liegt dichter kalter Nebel, in den der Weg eintaucht. An einem kleinen Bachlauf entlang über kleine Straßen verlasse ich die Ebene; hier ist die Markierung, wie überall in den letzten Tagen, sehr gut, man kann sich nicht verlaufen. Dann steigt der Weg wieder bergan und die Sonne bricht durch. Nach einiger Zeit komme ich an einem Schild vorbei:

„Libera, o Signore, dai turisti gli eremi…" – „Befreie, o Herr, die Eremiten und Mönche von den Touristen, damit es noch Orte des Friedens, des Gebetes und des abgeschiedenen Lebens gebe für das Wohl der Welt." Hier ist das kleine Kloster San Pietro in Vigneto und das Schild am Zaun ist ganz eindeutig. Es kommen wohl viel zu viele Pilger und Wanderer hier vorbei, die Straßen sind im Sommer heiß und staubig, da werden die Mönche wohl allzu oft herausgeklingelt worden sein. Also trolle ich mich still.

Der Weg zieht sich am Hang entlang und bietet märchenhaft weite Ausblicke auf Felder, Bergrücken mit Zypressen und einzelnen Gehöften, dazu immer wieder bunte Wälder. Man kann sich kaum satt sehen. Es wird heute noch einmal richtig warm und ich habe mich mit dem Wasservorrat verschätzt. Kein Gasthof, keine Bar weit und breit und der Landweg zieht sich endlos am Hang entlang. Da endlich neben einem Haus ein gepflegter Waschtrog mit einem Wasserhahn aus Messing. Ein Fenster öffnet sich: „Ja, sicher, nehmen Sie nur. Ich weiß, hier sind alle durstig!" Eine ältere Frau schaut nach mir, wir unterhalten uns eine Weile. „Nach Assisi wollen Sie, da haben Sie es ja bald geschafft." Dass es noch weiter gehen soll, unterschlage ich hier in der unmittelbaren Umgebung des einflussmächtigen Heiligen. Und ich bin selbst gespannt, ob die Motivation zum Weiterwandern reichen wird.

Der Weg zieht sich und die Füße schmerzen. Schließlich hilft mir auch Singen nicht mehr. Und dann die Wegführung, sie ist oft ziemlich umständlich. Was für ein Ärger! Ich schimpfe vor mich hin und immer noch geht es am Flüsschen Chiascio entlang. Aber dann erreiche ich doch Valfabbrica und das Hotel „Villa Verde". Auspacken, duschen, waschen, sortieren. Zum Abendessen humpele ich heute mühsam. Die leichten Bergschuhe aus

Florenz schützen die Füße doch nicht so gut. Völlig unbegreiflich, wie Franz seine ständigen langen Wanderungen barfuß oder mit diesen leichten Sandalen durchhalten konnte. Aber da fällt mir ein, dass er in meinem Alter ja schon lange tot war. Er hat sich nie geschont und auf seinen Körper, den „Bruder Leib", wie er ihn später nannte, lange Zeit keinerlei Rücksicht genommen.

# Assisi und Franziskus

*Am Morgen, in der Sonne, am Ortsausgang von Valfabbrica, da trifft es mich ganz unvermittelt; Was immer mich jetzt auch erschüttert haben mag, ich habe keine Ahnung, aber es stimmt: „Er ist es, der uns trägt in Händen und erwählet, der seine Huld nicht wägt, noch seine Gnade zählet." Die Wirklichkeit Gottes, seine Fürsorge für mich, an mich heranzulassen, das ist immer eine so schwierige Vorstellung gewesen, dass mir jetzt die Tränen kommen. Nie konnte ich mir das vorstellen; und wie viel ergreifender ist doch Gottes Liebe?*

Heute also könnte ich es tatsächlich schaffen und das erste große Ziel nach 1250 Kilometern erreichen. Der Weg ist wieder sonnenbeschienen, ein Landweg, der sich weitgehend im Tal an landwirtschaftlichen Flächen und Gehöften entlang windet, mal steigt, mal fällt.

Und dann sehe ich auf einmal im Dunst in der Ferne die Silhouette der Burg oberhalb von Assisi, Rocca Maggiore. Erst glaube ich es nicht, dann kommt eine unglaubliche, unbeschreibliche Freude auf. Ein Urschrei bricht sich Bahn. Nach über zwei Monaten zu Fuß werde ich heute wirklich und wahrhaftig Assisi erreichen. Jetzt ist es nicht mehr weit.

An einem Denkmal für Padre Pio vorbei erreiche ich die Ponte Santa Croce, an der die alte kleine Kirche aus dem 13. Jahrhundert steht. Von hier führt eine schmale Straße steil hinauf nach Assisi und dann geht es durch die Porta San Giacomo, das große Stadttor, hinein in die Stadt. Erst einmal mit dem Rucksack zur Kirche San Francesco, ein kurzes Dankgebet. Voller Menschen ist die Kirche, der Vorplatz, die Stadt mit ihren engen Straßen und Gassen. Rasch ein Hotel und ein Zimmer und dann frei und ohne Rucksack in die Stadt.

„Pilger in Assisi: „Geh, Franziskus, und bau mein Haus wieder auf"

---

*Samstag, 23. Oktober*

Um 7 Uhr am nächsten Morgen ist die Messe im Konvent der bayerischen Kapuzinerinnen, ganz schlicht mit einem italienischen Priester. Anschließend Frühstück. Dabei lerne ich weitere Gäste des Konvents aus Deutschland kennen: Ein Lehrer-Ehepaar mit drei Schülern, eine Frau aus Oberbayern; freundliche, aufgeschlossene Gespräche. Später kann ich umziehen und erhalte ein Gastzimmer, das den schönen Namen „Heiliger Josef" trägt. Aus dem Fenster ein überwältigend schöner Blick ins Tal. Die Fürsorge der Schwestern verwöhnt regelrecht.

*Der Zwiespalt im Christsein zwischen gelebtem Alltag und Anspruch des Evangeliums beschäftigt mich seit langem. Ich habe viele Bilder, Gleichnisse und vor allem die Konsequenzen, die Jesus zieht, sehr direkt aufgefasst. Für mich waren die Seligpreisungen der Bergpredigt nie nur*

*symbolisch zu verstehen. Natürlich kenne ich die ganzen Einwände: So
könne man doch praktisch nicht leben, keine Familie erhalten, keine ver-
antwortliche Politik machen usw. usw.*

*Und doch – es bleibt der Zweifel, ob die Welt nicht etwas besser, ein
wenig schöner wäre, ob nicht mehr kleine „himmlische" Lichtblicke und
Situationen da wären, wenn wir öfter den radikalen Anspruch Jesu ernster
nähmen. Und ob wir uns nicht zu früh damit trösten, dass das alles ja doch
eher symbolisch und als Idealzustand gemeint sei und dann so lange reden,
bis wir uns die Welt so zurechtgelegt haben, dass sie gut zu uns passt.*

*Franz nimmt Jesus ganz wörtlich, man könnte auch sagen, er steigert
sich in die radikale Nachfolge regelrecht hinein und verändert damit sich
selbst und die ganze Welt.*

*Es ist faszinierend, wie lange sein Erkenntnisweg dauert und gleich-
zeitig, wie konsequent er ihn geht. Dazu ist ihm die Demut so wichtig:*

*Vom ersten spürbaren Anruf an entfernte er sich von seiner Familie, es
konkretisierte sich seine Suche nach dem richtigen Weg in einem Gebet,
das er immer wieder vor dem Kreuz in der verfallenen Kirche von San
Damiano betete:*

> *O alto e glorioso Dio,*
> *illumina le tenebre del cuore mio.*
> *Dammi una fede retta, speranza certa,*
> *carita perfetta e umilta profonda.*
> *Dammi, Signore, senno e discernimento*
> *per compiere la tua vera e santa volonta*[3]

> *(O heiliger und glorreicher Gott,*
> *erleuchte die Dunkelheit meines Herzens.*
> *Gib mir einen rechten Glauben, sichere Hoffnung,*
> *vollkommene Liebe und tiefe Demut.*
> *Gib mir, o Herr, Sinn und Unterscheidungsvermögen,*
> *um Deinen heiligen, wahren Willen zu erfüllen.)*

---

3  ® Casa Editrice Francescana – Assisi 1995

*Das kleine, schlichte Gebet ist von großer Schönheit. Die „Dunkelheiten des eigenen Herzens" sind heute nicht geringer als damals, aller modernen Psychologie der „Seelenforschung" zum Trotz. An den Dreiklang von Glaube, Liebe und Hoffnung haben wir uns gewöhnt, nur die „umiltá profonda", die tiefe Demut, die lässt aufhorchen, die stößt den modernen Menschen sofort ab. In der altumbrischen Ursprungsfassung (und den meisten heutigen) fehlt diese Zeile, sie wurde anscheinend in eine Fassung im 15. Jahrhundert eingefügt. Von außen geforderte Demut als Herrschaftsinstrument ist viel zu oft missbraucht und deshalb völlig missverständlich geworden. Aber Demut als innere Forderung an sich selbst, die kann, meine ich, auch heute helfen. In einer Welt, die die Selbstdarstellung über alles stellt, wo die Inflation der Worte um sich greift, wo jedes Geschreibsel ein Dokument, jede kleine Darstellung eine Präsentation und jede mittelprächtige Idee eine Vision geworden ist, da schafft das Gebet des Franziskus Klarheit.*

*Nach Jahren erfuhr er den Auftrag: „Franziskus, geh und stelle mein Haus wieder her, das du ganz zerfallen siehst!" Dann richtet er mit seinen Gefährten tatsächlich mit Steinen und Mörtel das Gebäude wieder her. Wie bei einer Rakete zündet bei ihm Stufe nach Stufe und treibt ihn auf seinem Weg voran, der die Welt verändert.*

*Und er ist 27 Jahre alt, als die nächste Stufe in ihm zündet und er 1209 den Auftrag für den Rest seines kurzen Lebens fühlt, ohne jede Sicherung in die Welt zu gehen und das Evangelium zu verkünden. Und mit seiner unbeirrbaren Sturheit, anders kann man es von außen betrachtet ja gar nicht nennen, überwindet er alle Widerstände und hat, ohne es zu beabsichtigen, einen immens großen Zulauf.*

Heute ist ein großes Fest in der Kirche Santa Chiara, aus ganz Italien sind die Ordensangehörigen mit Angehörigen und Freunden gekommen. Ich finde beim Festgottesdienst noch Platz in der Seitenkapelle, in der das berühmte Kreuz hängt, von dem aus Christus zu Franziskus sprach.

Dann den Weg hinunter nach Santa Maria degli Angeli. In der großen Barockkirche steht die kleine Portiuncula-Kapelle; angeblich unverrückt seit dem 13. Jahrhundert, wie mir ein Wächter versichert, sie sei immer nur überbaut worden. Diese Kapelle gab Franz und seinen Gefährten die erste Unterkunft. Was für ein Gefühl diese Steine zu berühren. Und wie grotesk die barocke Überbauung wirkt.

---

*Sonntag, 24. Oktober*

Im Dommuseum von San Rufino bin ich ganz allein. Der alte Dom wirkt ganz verwaist, vielleicht weil er für die Menschen keinen unmittelbaren Bezug zu Franz und Klara hat. Dabei ist Franz hier ganz sicher oft aus- und eingegangen, in diese neue, prächtige, romanische Kathedrale zu seiner Zeit. Über dem Hauptportal thront Gott als Herrscher des Universums umgeben von Sonne und Mond, ein ferner Gott.

„Das kleine Kloster Carceri am Fuß des Monte Subasio"

Im Museum sind Ausstellungsstücke und Kunstschätze seit der Antike zusammengetragen. Und mir fällt ein, was für eine lange Tradition das kirchliche Leben schon hat, wie viele Generationen von Gläubigen und Zweifelnden schon seit der frühen Christenheit die immer gleichen Fragen bewegt haben. Was hat sich da angehäuft in der Kunst! Die heutigen Menschen, die mit der christlichen Tradition nichts mehr zu tun haben wollen, mit diesem ganzen alten belasteten Kram, kommen mir hier auf einmal vor wie Jugendliche, die ihre Familiengeschichte abschütteln wollen, um einfach alles neu und alles besser zu machen als die Alten.

*Montag, 25. Oktober*

Wieder allein! Am Morgen gibt es noch eine eindrucksvolle Führung von Bruder Thomas, dem Franziskaner, der die deutschen Pilger in Assisi betreut. Er fächert das ganze Leben und Wirken des Franz in den Fresken von Ober- und Unterkirche auf. Und jetzt habe ich mich von Assisi „losgerissen“, die freundlichen Menschen hinter mir gelassen. Es geht den Monte Subasio hinauf Richtung Carceri. Es ist heute ziemlich kalt und bewölkt, aber noch trocken. Der Anstieg ist steil, steinig und irgendwie nicht sehr schön. Aber vielleicht kommt mir das nur so vor, weil die letzten Tage so schön in der Gesellschaft waren.

Von einer Wegbiegung aus ist das kleine Kloster Eremo delle Carceri zu sehen, eingeschmiegt in einen Taleinschnitt. Franz hat die kleine Kapelle, die früher hier stand, oft aufgesucht. „Ubi deus ibi pax“ – „Wo Gott da ist Frieden“ begrüßt ein Schild über dem Toreingang. Was für ein Kontrast zu der atemlos geführten, gegenwärtigen Diskussion, ob nicht etwa die monotheistische Religion erst den Menschen zum Gewalttäter erzogen hat, ob diese Religionen nicht den Unfrieden fördern. Hier, in diesem kleinen Kloster, kommt mir diese Debatte ziemlich bizarr vor. Eine Gruppe französischer Pilger sitzt in einer Nische und liest einen meditativen Text. Eine friedliche Stille hat sich ausgebreitet.

Weiter den Berg hinauf. Das Wetter verschlechtert sich. Erst frischt der Wind gewaltig auf, dann setzt Regen ein. Ich sah die Front heranziehen, erst dachte ich mir nicht viel dabei; was soll hier auf diesem runden Mittelgebirgsbuckel schon passieren? Doch innerhalb von zehn Minuten ist die Sicht komplett weg, der Regen prasselt und ich habe keine Orientierung mehr, ich gebe mich geschlagen. Der Weg über die Höhe ist heute nicht zu erreichen, zum Glück gibt es einen unteren Weg in Richtung Spello. Aber es wird wirklich mühsam: Wenige Wegzeichen, lange Wege, ungenaue Markierung, der Regen hält an.

Jetzt kommt wirklich und wahrhaftig bei mir zum ersten Mal echte Unsicherheit auf, ob das alles noch stimmt. Die Zeit bis zum Einbruch der Dunkelheit wird knapp, ich habe nur noch etwa eineinhalb Stunden. Wenn ich mich jetzt hier verlaufe, komme ich nicht mehr richtig ins Tal und mit der Stirnlampe zu laufen bei matschigen Pfaden und Regen ist nicht gerade vertrauenserweckend. Also, wenn in der nächsten Viertelstunde die Abzweigung ins Tal nicht kommt, drehe ich um. Doch dann wird das Wetter plötzlich wieder besser und nach zehn Minuten taucht ein echtes, verlässliches Schild auf, wunderbar, große Erleichterung. Noch eine weitere Stunde bergab auf steinigen Wegen, die schräg stehende Abendsonne vergoldet die ganze Landschaft genauso wie mein verdrecktes Äußeres. Dann bin ich doch sehr froh, als ich den Gasthof „Il Cacciatore" endlich erreiche.

Nicht einen Wanderer habe ich heute den ganzen Tag gesehen.

# Unterwegs zu Benedikt

Prächtig und erholsam war der Schlaf nach dem guten Essen im „Cacciatore". Am nächsten Tag ist das Wetter wieder friedlich und nach einem guten Frühstück kann ich aufbrechen. Vorher noch ein kleines Gespräch mit den Besitzern. Die Saison ist vorbei und sie haben ein wenig Zeit zum Plaudern. Etwas zum Klagen gibt es immer, zum Glück zieht der „Franziskusweg" aber doch einige Leute an, die Wanderer, die Pilger eben.

Als ich Spello durch die alte römische Porta Consolare verlassen habe, sehe ich den Monte Subasio hinter der Stadt aufsteigen. Heute liegt er im Sonnenlicht da und trägt eine kleine weiße Wolkenkappe, deutlich ist die Baumgrenze und die flache Kuppe zu sehen, richtig friedlich schaut er aus. Unglaublich, dass mir dieser Berg gestern solche Schwierigkeiten gemacht hat. Der Weg führt durch welliges Gelände, dann durch ein Tal, das Valle Umbra, das intensiv landwirtschaftlich genutzt wird. Ein kleines Flüsschen, der Topino, ist eingedeicht; anscheinend gab es früher Überschwemmungen bei heftigen Regenfällen. Gemächlich wandere ich weiter, Sonne und Wolken wechseln sich bei frischen Temperaturen ab. So komme ich nach Bevagna, ein kleines Städtchen, aber wieder mit zwei großen prächtigen romanischen Kirchen aus dem 12. Jahrhundert, wie kann man diese ganzen Kunstschätze nur alle unterhalten? Hier am Platz erhalte ich – ungelogen! – den besten Cappuccino der ganzen langen Reise. Die Barista bereitet ihn mit Ruhe und Sorgfalt zu, was für ein Genuss. Das Leben ist schön!

Hinter Bevagna begegnet mir eine Gruppe Wanderer, die etwas mitgenommen aussehen; schlammverdreckt bis zu den Knien, mit großen Wanderstöcken in den Händen. Es sind Amerikaner auf dem Weg nach Assisi, seit drei Tagen sind sie schon unterwegs. Sie mustern meine Ausrüstung und meinen, dass ich wohl gerade erst aufgebrochen sei. Nicht wirklich, sage ich, aber ich habe mein Ziel bald erreicht. Bevor wir zu Details kommen, müssen sie weiter. Anscheinend lohnt sich die allabendliche Pflege von Wäsche und Ausrüstung doch! Zweieinhalb Monate bin ich jetzt unterwegs.

Wein und Oliven beherrschen jetzt den Blick. Das Weinlaub färbt sich herbstlich und ist an den sanften Hängen eine einzige Augenweide. An einem Olivenbaum erntet ein altes Ehepaar die Oliven von Hand mit einem groben Kamm. Unter dem Baum ist ein Netz ausgelegt. Eine mühevolle Arbeit, aber für diese Sorte lohnt sich die Arbeit, sagt mir der Mann. Die Sorte heiße „Lollo" und sei besonders gut. Ob ich ein Foto von ihrer Arbeit machen dürfe? Aber nein, das lohne sich doch nicht, und rasch ist er wieder auf der Leiter im Geäst verschwunden. Später versuche ich, die Sorte aufzuspüren und stelle fest, dass es angeblich einige tausend Sorten des Olivenbaums geben soll, einige seien im Anbau auf kleine Regionen oder gar nur Ortschaften beschränkt.

Vor mir auf einem Höhenzug liegt Montefalco, das heutige Ziel. Das frisch renovierte „Oro Rosso" nimmt mich auf. Im Wappen hat diese kleine Stadt den Falken, seit sich Friedrich der Zweite von Hohenstaufen zur Falkenjagd hier aufhielt. Am Abend lerne ich etwas über die Weinsorten der Region: Trebbiano als umbrischer Weißwein erinnert mich ein wenig an einen herben Weißburgunder. Der „Sagrantino" ist eine Spezialität der Region, ein ordentlich schwerer Rotwein – tiefer und traumloser Schlaf.

---

## Mittwoch, 27. Oktober

Beim Kartenstudium gestern Abend fiel mir auf, dass Norcia, das alte Nursia, nicht sehr weit von Spoleto entfernt in den Bergen liegt. Wenn ich schon Benedikt von Nursia in Subiaco besuchen will, wäre doch ein Abstecher zu seinem Geburtsort eine tolle

Sache. Zu Fuß ist das zu weit und zu abgelegen, aber es müsste doch eine Busverbindung ins Gebirge geben. Mal sehen.

Der Wanderweg geht heute durch offenes Gelände, biegt an markanten Bäumen ab, folgt einem kleinen Bachlauf und führt durch zahlreiche kleine Dörfer. Schon von weitem ist Spoleto als Stadt mit vielen Türmen am Steilhang des Apennins zu sehen. Etwas umständlich laufe ich an Straßen entlang ins alte Zentrum. Die Füße schmerzen heute. Und jetzt geht es auch noch steil viele Treppen bergauf. In der Touristeninfo am oberen Platz erfahre ich aber, was ich suche. Es gibt Busse, die von Spoleto nach Norcia fahren. Also wird die Fußwanderung kurz entschlossen unterbrochen. Die blauen Überlandbusse fahren komfortabel zu vertretbaren Preisen durchs ganze Land. Eine schöne Fahrt durchs Gebirge und nach etwa einer Stunde bin ich in Norcia.

Auf der Spurensuche nach Benedikt erlebe ich erst einmal eine herbe Enttäuschung. Norcia, von einer alten Stadtmauer umgeben, schmückt sich als Ausflugsziel speziell für Jäger. Es liegt am Rand des Nationalparks Monti Sibilini, viel ist über Wildschweine und Restaurants zu erfahren. Doch dann komme ich auf die Piazza San Benedetto. Hier steht ein eindrucksvolles Standbild von Benedikt mit wildem Bart und wallenden Gewändern. Die Inschrift legt Zeugnis ab von seiner großen Bedeutung als Mönchsvater und Förderer der Wissenschaften. Seine Mönchsregel gab Europa ein gutes Maß: „Bete und arbeite". Papst Paul VI. erhob Benedikt 1964 zum Patron Europas.

An der verlassenen Basilika San Benedetto treffe ich ein italienisches Ehepaar, das mich einlädt am Abend gemeinsam mit ihnen die Komplet zu besuchen. Die Komplet ist das Abendgebet der Kirche, das in Klöstern regelmäßig gebetet wird. In der Krypta der Basilika versammeln sich die Mönche. Es ist eine junge internationale Gemeinschaft, die meisten Mönche kommen aus Nordamerika. Still und verhalten wird die Komplet auf Lateinisch gebetet, stellenweise im Wechselgesang. So wird der Tag beschlossen, die Menschen vertrauen sich dem Schutz Gottes für die Nacht an.

Es ist eiskalt an diesem Morgen in Norcia; Raureif liegt auf dem Gras, ein klarer sonniger Morgen mit Minusgraden. Nach einem guten Frühstück und einem Plausch beim Bezahlen am Hotelempfang gehe ich in die alte Stadt. Um 10 Uhr ist das Hochamt der Mönche, wie jeden Tag.

*Sie feiern die Heilige Messe in heiligem Ernst und im strengen, tridentinischen Ritus. Lateinisch, in tiefer Inbrunst, ein klares Ritual, unbeeindruckt von der Moderne.*

*Es ist ergreifend und fremd, ganz auf das Altargeschehen konzentriert, nur gelegentlich wendet sich der zelebrierende Priester der kleinen Gemeinde zu: „dominus vobiscum" – „der Herr sei mit Euch", es klingt fast wie eine beruhigende Beschwörung und auf einmal geht mir auf, was eine antike Opferfeier auch sein mochte, wenn der Mensch versuchte, die ungnädige Gottheit durch strenge Riten und Unterwerfung gnädig zu stimmen. Die Vorstellungen über die katholische Messfeier gehen auch unter Katholiken oft auseinander. Vielleicht liegt es auch am unterschiedlichen Blick auf unsere Welt, in der wir leben. Und wenn die Vorstellung von der Welt heute bei manchen so sehr die Vorstellung von einer abgrundtief schlechten, verworfenen Welt ist, dann muss auch die Messfeier unbedingt und ausschließlich wieder dem Ritus eines Opfers folgen. Sehr nachdenklich fahre ich mit dem Bus von Norcia zurück nach Spoleto, um meine Wanderung wieder aufzunehmen. Die jungen amerikanischen Mönche gehen mir nicht aus dem Sinn.*

Sonne, herrliche Herbstsonne auf dem Weg zum Dom, der mit seiner wundervollen, klar gegliederten Fassade den Blick derart fesselt, dass ich mich erst einmal auf ein paar Stufen setze. Kein Tourist weit und breit. Der leere Platz umstanden von schönen Gebäuden lädt unbedingt zur Ruhe ein. Acht Rosetten durchbrechen die Fassade und lassen farbiges Licht ins Innere des Domes. Die mittlere Rosette mit etwa sechs Meter Durchmesser soll die schönste in ganz Umbrien sein, gut möglich.

„Höhlen – Die Rückzugsorte des Franziskus"

Hier wird ein Originalbrief von Franziskus aufbewahrt, ein
Brief an seinen treuen Begleiter, den Bruder Leo. Nach einiger
Zeit gehe ich weiter zur Ponte delle Torri, der bekannten tal-
überspannenden steinernen Wasserleitung, 230 m lang aus dem
13. Jahrhundert, die jetzt nach jahrelanger Renovation wieder
begehbar ist; hier kann man das Tal gut überqueren.

Ein kurzer Aufstieg im lichten Laubwald führt zum kleinen Kloster
Monteluco. Es wurde von Franziskus noch eine Weile bewohnt
und heute kann man die winzigen Zellen sehen, die bis vor
kurzem den Minderbrüdern noch als Schlafstelle und Wohnort
dienten. Der Türsturz zur Zelle hat vielleicht 1,30 m an Höhe.
Eine Tafel stellt klar: „La regola dei Frati Minori è questa, cioè
osservare il Santo Vangelo del Signore nostro Gesù Cristo, vivendo
in obbedienza, senza nulla di proprio e in castità" (Regola bollata
1223), also das Evangelium beachten, Gehorsam, Armut und
Keuschheit leben und sonst nichts, wie provozierend einfach!

Der weitere Weg geht auf weit liegende, offene Bergwiesen hinaus und immer höher hinauf bis nach Patrico, dem Agriturismo Bartoli. Wie auf einem Aussichtsbalkon hat man einen weiten Blick hinunter ins Tal von Spoleto, das am Nera liegt, einem Nebenfluss des Tibers. Und gleichzeitig sieht man weit nach Osten zu den hohen Bergen des Monte Vettore. Ich bleibe lange draußen bei dieser grandiosen Aussicht. Langsam gehen einzelne Lichter im Tal an, die Kulissen verschwimmen zunehmend im Abenddunst und der aufsteigenden Dunkelheit, die Sterne funkeln. Sofort wird es empfindlich kalt, aber im Gastraum des Bauernhofes ist jetzt ein großes Kaminfeuer angefacht.

Was für ein Abendessen! An einem einfachen Holztisch nehmen alle Platz, die Familie, Mitarbeiter und später auch noch Freunde, die hinzu kommen. Die Vorspeise: Ein wenig aufgeschnittene Salami und etwas Schinken, dann eine kräftige Bohnensuppe, weiter Bratkartoffeln und Stücke Rindfleisch, schließlich Käse. Dazu Wasser und Rotwein gemischt. Zu Beginn des Essens Wasser mit einem Spritzer Wein (für den Geschmack …), dann im Laufe des Abends ein sich stetig veränderndes Mischungsverhältnis, bis schließlich zum Käse ein Glas purer Rotwein genossen wurde. Immer wird Wert auf die versammelte Tischgemeinschaft gelegt, auch wenn das Essen dann beim Warten auf Einzelne schon einmal abkühlt. Zino neben mir mit den verarbeiteten groben Händen erzählt mir, dass jetzt die Winterarbeiten und die Jagd beginnen.

## Freitag, 29. Oktober

Früh los, denn es wartet ein weiter Weg. Dazu die Spannung, ob ich den Weg über den Monte Fionchi finde, die Markierung soll schlecht sein. Die Luft ist klar und kalt, keine Wolke am Himmel. Für die Hunde ist es viel zu früh, um mich anzubellen. Die ersten Verzweigungen des Weges habe ich hinter mir, und jetzt ist kein Pfad mehr zu erkennen. Es geht durch Wiesen, Wäldchen und

lockere Buschgruppen, aber die Orientierung nach Himmels-
richtung und Hangneigung ist klar, so habe ich sie mir von den
Karten eingeprägt. Und als der schattige Hang endet und der Wald
sich öffnet, erreiche ich tatsächlich den Sattel unterhalb des Monte
Fionchi, ein kleiner Triumph. Die Sonne wärmt, weiter geht es
auf der sonnenseitigen Hangseite durch lichten Wald. Plötzlich
wieder klingende Laute aus dem nahen Gebüsch, anscheinend
eine Rotte Wildschweine in ihrem Tagesrastplatz. Einige hundert
Meter weiter: Es prasselt neben mir im Gebüsch und direkt vor mir
schießt ein großes Wildschwein in vollem Galopp aus dem Unter-
holz quer zu meinem Pfad. Als es durch einen uralten Stacheldraht
bricht, staubt es nur – Schrecksekunde! Dieser Eichenwald wird
wenig begangen, wahrscheinlich kommen nur gelegentlich Jäger
hierher. Und immer stärker wird meine Begeisterung, allein in
dieser Mittelgebirgswelt unterwegs zu sein, den Weg zu suchen,
die Ruhe und das Gleichmaß zu spüren.

*Es fällt nicht so schwer sich vorzustellen, dass diese Welt hier gut ohne
den Menschen auskommt, früher ausgekommen ist und auch wieder auskommen würde, wenn der Mensch die Bewirtschaftung aufgibt. Hier
unterwegs zu sein hat etwas vom leisen Betreten einer Welt, die man gar
nicht stören will, die man als kurzfristiger Gast erleben darf.*

*Die Unterscheidung zwischen Sein und Denken sei hoffnungslos gestrig,
habe ich neulich gelesen. Die Welt entstehe erst im Diskurs, im Denk-
prozess werde das Produkt unserer Lebensumgebung hergestellt, ein wahrhaft
städtischer Gedanke. Schwer zu glauben, hier auf einem Platz im Halbschatten unter Bäumen während einer Rast. Nur Betrachtung mit offenen
Sinnen. Sicher ist meine Interpretation und somit die Bewertung dieses Er-
lebnisses eine Sache meines Kopfes, aber die ganze Welt? Vielleicht steckt
doch eine gewisse Portion überheblicher Arroganz in dieser Ansicht, und
vielleicht ist die Haltung angemessener, die Erlebnisse, Mühen und Ge-
schenke des Tages einfach anzunehmen und sich nicht so wichtig zu nehmen.*

Am Monte Fionchi vorbei öffnet sich nach einiger Zeit der Wald,
Gebüsch und unbenutzte Weiden liegen vor mir in der Sonne. Und
jetzt sind im Osten auch die schneebedeckten Sabiner Berge zu sehen.

Oberhalb von 1900 Metern liegt bereits Schnee, früh in diesem Jahr, wie mir gestern auch Zino sagte, der Winter kommt früh.

Eine kleine Kapelle zeigt, dass hier wieder häufiger Menschen sind. Sie ist Johannes dem Täufer geweiht, und da treffe ich tatsächlich einen einsamen Pilzesammler. Ein kleines Gespräch, freundlich wie immer in der Einsamkeit.

„Tief in Umbrien"

Dann der Abstieg nach Ferentillo, dem alten Ort langobardischer Gründung am Flüsschen Nera. Ein großer Hund schließt sich mir an, als ich an einem Gehöft vorbeikomme, friedlich trottet er neben mir her. Als ich nach einem kurzen Mittagessen weitergehe, ist er bald auch wieder da. Wie weit will er mit? Ich versuche ihn zurückzuschicken, das klappt aber nicht, er schaut mich nur treuherzig an. An einer Schule, aus der gerade die Kinder strömen, werde ich ermahnt, meinen Hund doch an die Leine zu nehmen. Mühsam mache ich klar, dass das gar nicht mein Hund ist, ob sie denn eine Idee hätten, wem er gehöre.

Am Ortsausgang geht es an senkrechten, sonnenbeschienen Felswänden vorbei. Hier sind Kletterschulen am Werk, da endlich verlässt mich mein Begleiter und trottet zurück.

Es geht wieder bergan Richtung Carpio-Pass, noch vier Stunden liegen vor mir. Wieder stellt sich im schrägen Sonnenlicht diese wunderschöne Herbststimmung ein mit dem klaren Licht und den schier überscharfen Konturen in der Landschaft. Sonnig warm wird es, im Schatten aber sofort richtig kühl. Der Weg zieht sich; immer wieder gibt es Schilder mit „raccolta tartufi riservata" – geschützte „Trüffelernte". Vor dem letzten Anstieg spendet eine alte kühle Quelle noch einmal frisches Wasser. Mit dem letzten Tageslicht erreiche ich das Hotel „Don Bosco". Als ich zusammenrechne, komme ich auf etwa 30 km und 1300 Höhenmeter, teilweise in unwegsamem Gelände, kein Wunder, dass ich k.o. bin. Es war ein überwältigend schöner Tag.

Schon wieder bin ich der einzige Gast und werde ganz familiär betreut. Nebenher machen die Kinder der Wirtin noch Hausaufgaben. Die Schule zu erreichen sei schwierig hier trotz Schulbus, aber so schön sei es hier oben, sie wollte nie weg in die Stadt.

*Samstag, 30. Oktober*

Heute geht es bis nach Poggio Bustone. Es wird der letzte Tag im einsamen hohen Mittelgebirge sein, denn jetzt geht es ins Rietital. Abschied vom geliebten und kräftezehrenden Auf und Ab.

Kurz nach meinem Abschied von der freundlichen Gastwirtin werde ich schon wieder zu einem Kaffee eingeladen. Ein Mann in Arbeitskleidung winkt mich heran: „Wo kommen Sie her?" Ich erzähle ein bisschen. Seine Hunde beschnüffeln mich und geben sich sehr friedlich. Dann erzählt mir der Mann, dass er gleich die Menschen erkenne, die etwas Zeit hätten. Er habe kein

Fernsehen und lese nur selten die Zeitung. Was sei denn schon so wichtig an den täglichen Nachrichten. Aber die Pilger, die an seinem Haus vorbeiziehen, die sehe er gern. Es ist gemütlich hier in der großen Unordnung des männlichen Einsiedlers. Seine zahlreichen Katzen streichen umher. Der Kaffee ist gut und langsam werde ich auch wacher. Der gestrige Tag steckt mir noch in den Knochen. Dann ein herzlicher Abschied.

Weiter geht es hangparallel auf sanften, geschlängelten Wegen durch wunderschön gefärbte Laubwälder. Wieder ist es ein sonniger windstiller Tag, aber ich weiß, dass das Wetter schlecht werden soll. Bis dahin will ich in Rieti sein. Nach einiger Zeit komme ich an die kleine, wenig befahrene Passstraße nach Leonessa und stoße auf das Restaurant „Fuscello". Herbstarbeiten rund um das Haus, Zäune werden ausgebessert. Im Gastraum ein großes offenes Kaminfeuer und ein frisch gebackener, wunderbar schmeckender Apfelstrudel mit Walnüssen von der alten Chefin, dazu ein Cappuccino. Hier ist die Grenze zwischen Umbrien und Latium. Wenig später finde ich einen alten Grenzstein von 1840: Hier war einst die Grenze zwischen dem alten Vatikanstaat und dem „Königreich beider Sizilien".

Der schmale Fußweg schlängelt sich aufwärts durch dichte Buchenwälder, in denen viele Felsbrocken verstreut liegen. Eine Lichtung mit Viehtränken, sonnenüberstrahlt, das ist der richtige Platz für die Mittagsrast. Es ist warm und windstill. Von hier führen befahrbare Wege über weite Weidehänge hinab ins Rietital. Jetzt findet sich immer wieder das Tau-Zeichen, auch an der Franziskus-Kapelle, die (leider verschlossen) am Weg steht. Der Weg führt bis Poggio Bustone, einem kleinen Ort oberhalb des Rietitales mit einem herrlichen Ausblick ins Tal. Hier ist auch eines der vier franziskanischen Klöster des Rietitales, die mit ihrer Lage fast eine Kreuzform nachahmen. Es liegt etwas oberhalb und abseits des Städtchens.

In der Abendmesse wird ein kleiner Daniel getauft. Große Nervosität und Aufregung in der Familie, dass nur ja alles richtig abläuft, der kleine Mann nicht erschreckt wird und die nötigen

Fotos gemacht werden. Der alte Priester behält seine Ruhe und seinen Humor. Das alles ist doch ein wenig informeller als bei uns in Deutschland.

Poggio Bustone klebt wie ein Schwalbennest am Hang. Die Fortbewegung im Städtchen ist eine einzige Treppenlauferei, ständig rauf und runter. Jetzt sind weder Touristen noch Pilger da, gemächliches Leben auf den Straßen.

*Sonntag, 31. Oktober*

Das Wetter ist über Nacht umgeschlagen, der Regen ist wie erwartet gekommen, auch am Morgen nieselt es noch weiter, als ich aufbreche. Der Pfad ist gut beschrieben und gut markiert als „Cammino di Francesco". Der Weg zieht sich am Hang entlang, immer wieder geht es durch kleine Dörfer. Als es in Cantalice wieder heftiger regnet, gehe ich in eine Kirche, in der gerade ein Sonntagsgottesdienst beginnt. Ein farbiger Geistlicher hält die Messe und predigt zum kleinen Zolleinnehmer Zachäus, der auf den Baum klettert, um Jesus zu sehen. „Scendi subito, perché oggi devo fermarmi a casa tua!" – „Komm runter! Heute will ich zu Dir kommen!" Ein für mich wunderbar verständliches, klares Italienisch spricht er. Eine Kirche wie ein Wohnzimmer, sogar ein großer Fernseher steht nahe beim Altar, dicht gedrängt Alt und Jung. Unterdessen geht der ältere Pfarrer, ein echter „parroco", zwischen den Bänken auf und ab und verkauft das Kirchenblättchen. Auch die Beichte wird während der Messe weiter gehört. Zum Schluss gibt es von ihm noch allerlei detaillierte Ermahnungen und Verhaltensregeln für den kommenden Festtag Ognissanti (Allerheiligen). Was für eine Kirchengemeinschaft!

Wenig später erreiche ich das kleine franziskanische Kloster „Santa Maria della Foresta". Hier verbrachte Franziskus 1225 vier Wochen zur Erholung nach einer schmerzhaften Augenoperation. Er hatte ja von seiner Palästinareise ein schmerzhaftes Augenleiden mitgebracht, was ihn nahezu erblinden ließ. Was es genau war, wissen wir nicht, aber es könnte sich um ein Trachom gehandelt haben, was auch heute noch bei schlechten hygienischen Verhältnissen vorkommt und unbehandelt zur Erblindung führen kann.

La Foresta ist eine wunderschöne kleine Klosteranlage umgeben von gepflegten Gärten. Hier lebt und arbeitet seit 20 Jahren eine franziskanische Laiengemeinschaft, die zu Mondo X gehört. Mondo X ist eine 1961 gegründete neue franziskanische Bewegung. Hier leben junge franziskanische Laienbrüder zusammen mit jungen Menschen, die ernsthafte seelische und körperliche Probleme haben: Depression, Suizidversuch, Magersucht. Völlig freiwillig muss der Betreffende kommen und sich auf einige Monate den strengen Regeln des Tagesablaufes hier unterwerfen. Der Tag ist gegliedert in Gebet und Arbeit, vor allem Gartenarbeit und jetzt wird auch klar, warum der große Garten so einzigartig schön ist mit Bäumen, Feldern und einem kleinen Weinberg. Mittendrin ein großes Tau-Zeichen. „Enger menschlicher Kontakt sei der Schlüssel zur Gesundung", sagt Matteo. Er hält den fehlenden ernsthaften menschlichen Dialog für die Wurzel des Übels unserer Zeit. Wir sehen das ganze schöne Gelände und die Felsgrotten, in denen Franz gelebt hat, ähnlich wie in La Verna und an anderen Orten.

Im Garten liegt ein alter großer Hund in der Sonne. „Ein Wolfsmischling", sagt uns Matteo, er sei friedlich und akzeptiere das Futter; Menschen aber lasse er nicht nahe an sich heran. Ob Franziskaner auch heute noch Wölfe zähmen können?

Weiter geht es an der Straße entlang bis Rieti. Ein Hotel im Zentrum findet sich leicht. Ganz leer ist es um diese Zeit. Auf den Plätzen herrscht großes Gedränge an diesem Abend. „Halloween" erfreut sich in Italien großer Beliebtheit, es ist hier so eine Art Karneval im Herbst.

„Tutti Santi" und Rieti ist am Feiertag Allerheiligen fast menschenleer. Diese alte Stadt antiker Gründung durch die Sabiner liege im geografischen Mittelpunkt Italiens, so behaupten seine Einwohner. Das ist mit einer schönen Marmorarbeit auf einem öffentlichen Platz auch dokumentiert. Schöne alte Plätze, ein großer romanischer Dom und die Kirche San Francesco laden zur Besichtigung ein. Am Flussufer des Velino finden sich noch die massiven Reste der uralten Steinbrücke über den Fluss. Das Flüsschen strömt rasch mit kristallklarem Wasser dahin.

Der Weg zu Fuß zum dritten franziskanischen Kloster im Rietital dauert etwa eine Stunde. Auf dem Fußweg kommt man an einer alten kleinen Kapelle vorbei kurz unterhalb von Fonte Colombo; dort tritt auch eine Quelle aus, das Wasser schmeckt gut. Am Santuario wiederholt sich der ruhige Eindruck vom franziskanischen Wesen des Ortes: Die Felsgrotten, die bescheidenen Gebäude, die kleine Kirche, die freundlichen Menschen. Hier hängt eine Kopie der päpstlichen Bulle von Honorius III. mit der Regel der Franziskaner.

Der Feiertag im verregneten Rieti und in dem vereinsamten Hotel macht mir den Abschied leicht. Nach der Messe im Dom kaufe ich erst einmal einen Schirm. Es ist November und es wird wohl ab jetzt häufiger regnen. Von einem Internetcafé aus mache ich meine Unterkunft in Rom fest. Das Gästehaus der Tutzinger Missions-Benediktinerinnen will mich aufnehmen. Am Telefon sitzt eine Italienerin, die mein Anliegen aufnimmt. Nach dem Anruf kriege ich eine Bestätigungs-E-Mail auf Italienisch halbwegs hin, aber zur Sicherheit schreibe ich noch einige Sätze auf Deutsch dazu.

Als ich den Ort verlasse und bei Bauarbeitern nach einem Weg frage, schaut mich einer an und sagt: „Ich habe Sie doch schon in Poggio Bustone gesehen. Wo wollen Sie denn noch hin zu Fuß?"

Im kleinen Tal des Flüsschens Turano führt der Weg an einer Nebenstraße entlang. Die Straße ist sehr wenig befahren und steigt allmählich an. Stunden später zeigt sich ein wunderschönes Panorama einer Stadt auf einem Felsenabsatz, Rocca Sinibalda, erfahre ich später. Nur habe ich heute kein Glück bei der Suche nach einer Unterkunft und langsam aber sicher werde ich unruhig. Niemand geht ans Telefon und es ist schon später Nachmittag. Jetzt fällt mir so richtig auf, wie kurz die helle Tageszeit geworden ist. Bald wird es dunkel.

Etwas ratlos komme ich schließlich an eine Straßenkreuzung in Posticciola, an der eine kleine Bar liegt, davor stehen ein paar ältere Männer beisammen. Unschlüssig gehe ich auf sie zu und grüße. Sie schauen mich freundlich-fragend an, was ich denn suche. Eigentlich ein Bett, und ich erkläre mein Malheur. Kurzes Schweigen, dann sagt einer aus der Gruppe: „Kein Problem, Sie können heute Nacht bei mir bleiben." Wirklich? Und eine Riesenerleichterung stellt sich bei mir ein. Zur nächsten Stadt wären es mindestens zwei weitere Stunden zu Fuß gewesen!

Wir trinken erst einmal ein Bier, dann geht es im betagten Fiat weiter hinauf in die Berge. In einem kleinen Dorf halten wir schließlich an. Beim Essen erzählt Marcello seine Geschichte: 30 Jahre lebte er in Kalifornien und war Verwalter auf einer riesigen Obst- und Gemüsefarm, bis er wieder zurückkehrte, weil seine betagte Mutter ihn darum bat. Nun ist er hier, aber eigentlich sehnt er sich nach Amerika zurück. Er ist für alle der „americano", wir reden englisch und italienisch an diesem Abend und er klagt über die Lethargie der jungen Leute hier auf dem Land: Kein Interesse an der Arbeit, am Auswandern schon gar nicht, keine Fremdsprachenkenntnisse, was soll denn das werden? Diese Bergdörfer sterben doch langsam aus. Ist das nur das bekannte ewige Gejammere der Alten oder doch mehr? Hinter unseren Rücken sitzen die jungen Leute gut gelaunt an einer langen Tafel.

Am nächsten Morgen beim kurzen Frühstück am warmen offenen Kamin der Küche werde ich doch noch von der Familie befragt. Zu Fuß aus Deutschland, nein, das ist kaum glaublich. Aber weiter nach Süden solle ich nicht mehr alleine gehen. Den Leuten da unten sei nicht zu trauen, da bräuchte ich mindestens ein kräftiges Messer …

---

## Mittwoch, 3. November

Jetzt habe ich mir doch eine kräftige Erkältung eingefangen, aber was soll's, das letzte Ziel ist in greifbarer Nähe. Am Lago Turano geht es auf einer gesperrten Straße entlang. Ein Erdrutsch blockiert anscheinend seit Jahren die Straße auf der östlichen Seeseite, ideal zum Wandern. Der Stausee mit dem wunderbar klaren Wasser in dieser Bergregion ist zur Stromerzeugung angelegt worden, jetzt ist es eine beliebte Feriengegend, vor allem für Angler. Eine schöne freundliche Herbstsonne scheint und meint es gut mit mir. Bei der Rast am See wird mir klar, dass die lange Reise unweigerlich zu Ende geht. Ein merkwürdig unwirkliches Gefühl beschleicht mich, so sehr habe ich mich an das Unterwegssein gewöhnt. Und gleichzeitig spüre ich jetzt immer stärker eine große, aufsteigende, müde Erschöpfung. Ich ahne, dass ich meine Kräfte für die letzte Strecke wirklich zusammennehmen muss. Also, weiter nach Carsoli, der Etappe für heute, der letzten vor Subiaco. Und jetzt gibt es nur diese lebhafte Straße, keinen kleinen Nebenweg mehr, die Autos brausen vorbei, diese kleine Stadt gehört schon eindeutig zum Einzugsgebiet von Rom. Die Leute wohnen hier und arbeiten in Rom, viel Straßenverkehr und Nahverkehrszüge. Es ist laut und lebhaft und unruhig, das Hotel, in dem ich wohne, ist auf Geschäftsleute eingestellt.

So fasse ich einen Entschluss: Morgen werde ich die letzten Kilometer mit dem Bus nach Subiaco fahren. Endlich ankommen und nicht mehr an der Landstraße entlang laufen!

„Auf dem Weg zu Benedikt"

Die beiden Benediktinerklöster Sacro Speco und Santa Scolastica liegen außerhalb über der Stadt. Das ist also der letzte Aufstieg für mich und jetzt genieße ich ihn richtig. Es ist wunderschönes Spätherbstwetter, mit dem Rucksack reicht es noch, um ein letztes Mal kräftig zu schwitzen. Das nasse Hemd am Rücken ist wohl genau das, was ich zuhause am wenigsten vermissen werde. Der gepflasterte breite Fußweg führt steiler hinauf als die Fahrstraße. Es geht durch einen schönen Baumbestand bis zur Pforte des Gästehauses von Santa Scolastica: Ein Zimmer gebe es wohl, aber die Küche sei in dieser Jahreszeit geschlossen, ob ich dennoch hier wohnen wolle? Na klar!

Ohne Rucksack geht es weiter hinauf zum oberen Kloster. Dort leben keine Mönche mehr, sie sind nur tagsüber anzutreffen und kümmern sich um die Besucher, die scharenweise kommen. Auch heute werden italienische Schulklassen durchgeschleust. Aber ich habe Glück und bin eine Weile ganz allein in der Unterkirche und der kleinen Kapelle, die über die Grotte, der sogenannten „sacro speco" gebaut ist. Hier also soll Benedikt drei Jahre lang in der Einsamkeit ausgeharrt haben, nachdem er sich von Rom und dem Jurastudium abgewandt hat. Glaube und Bewunderung der Menschen haben immer wieder die „Heilige Grotte" überbaut, bis schließlich ein ausgedehnter Klosterkomplex entstanden ist. In der Grotte selbst ist ein kniender Benedikt aus der Bildhauerschule Berninis zu sehen.

Ob das für uns Heutige noch hilfreich ist? Können wir uns wirklich vorstellen, was es bedeutet, allein in dieser Felshöhle zu leben, auszuhalten? In den letzten Monaten habe ich eine gewisse Ahnung von Einsamkeit erhalten; auf einigen Wegen und an einigen Tagen war dies eine ziemliche Herausforderung, und mittlerweile ist mein Respekt vor Benedikt riesengroß geworden. Nichts lenkt ab in der Einsamkeit der Grotte. Benedikt ist – wie Franz später – völlig zurückgeworfen in die blanke Existenz und das Gebet. Mit großer innerer Klarheit kam er aus der Einsamkeit heraus und fasste in seiner Regel viele ältere Vorschriften genial zusammen. Nicht alles ist für uns Heutige so ohne weiteres zu verstehen. Aber eines sticht sofort hervor: Benedikt hatte eine enorme Menschenkenntnis und kannte genau die Stärken und die Schwächen der Menschen im klösterlichen Leben, überhaupt von Menschen, die in enger Gemeinschaft leben. „Ora et labora" – „Bete und arbeite!" Er verpflichtete alle im Kloster zur Arbeit; damit brach er mit der antiken Tradition, dass Arbeit etwas für Sklaven ist, aber sicher nichts für Adelige. Nein, alle sollen ihren Anteil an der Arbeit im Kloster haben. Man könnte auch sagen, er adelte die Arbeit, die aber begrenzt und eingehegt wurde durch Gebet, Kontemplation und die Feier des Gottesdienstes. Damit wurde Europa groß. Heute dehnt sich die Arbeit in unserem Leben immer weiter aus, sie ist vielfach schlicht totalitär und will den ganzen Menschen ergreifen. Wir sollen per Smartphone überall erreichbar sein, sofort reagieren, egal, in welcher Situation wir uns gerade befinden. Was das für uns heute und in Zukunft zu bedeuten hat, ist noch gar nicht absehbar.

„Subiaco – Kloster über der Eremitenhöhle des Benedikt"

# Am Ziel

Nach einigen Kilometern zu Fuß am nächsten Morgen beschließe ich mit dem Bus nach Rom zu fahren. Ich habe keine richtigen Wanderwege Richtung Rom gefunden und an den Straßen entlang will ich nicht mehr gehen und ganz ehrlich: Der Antrieb ist weg, ich bin müde.

Jetzt will ich in Rom ankommen und endlich, endlich den Rucksack in die Ecke stellen. Wieder kommt einer dieser schönen himmelblauen Überlandbusse und trägt mich bequem in Richtung der heiligen Stadt. Der Verkehr verdichtet sich immer mehr, Hauptstadtgedränge.

Im römischen Trubel finde ich die richtige S-Bahn nach Civitavecchia. Als ich aussteige und mich ein wenig umsehe, sehe ich eine Nonne, die mich mustert. Ich frage sie auf Italienisch nach dem Weg. Sie antwortet auf Deutsch: „Da kommen Sie gleich mit. Ich habe mir schon gedacht, dass Sie zu uns wollen." Und so werde ich aufgenommen, kriege ein Zimmer, packe den Rucksack aus und habe ein vorläufiges Zuhause. Die Schwestern sind überaus freundlich zu mir und ich kann mich hier in Ruhe wieder der „Zivilisation annähern".

Angekommen in Rom, nach fast drei Monaten – ich fasse es noch nicht.

Dann treffe ich auf eine deutsche Pilgergruppe ganz aus meiner Heimatgegend, was für ein Hallo! Und ich verbringe einige Tage mit ihnen und ihrem Pfarrer in Rom, aber das ist eine andere Geschichte.

"Angekommen in Rom – Pilgeraudienz"

*Freitag, 12. November – Roma Termini*

Abreise: Mit dem Rucksack auf dem Rücken im Menschengewühl am Bahnhof. Meine Wanderklamotten habe ich nicht mehr an, denn nach 3 Monaten konnte ich sie nicht mehr sehen und so habe ich Hose, Hemd und Pullover in Rom gekauft. Nur die Wanderschuhe sind mir noch geblieben. Die Stöcke, die mir so oft geholfen haben, sind seitlich am Rucksack verstaut. Erinnerungen der letzten Tage huschen vorbei: Die Ruinen des Forum Romanum, die Vatikanischen Museen, Katakomben und dann die Generalaudienz beim Papst.

Es gab tatsächlich eine rote Eintrittskarte für mich, hinterlegt im Pilgerbüro in der Nähe der Engelsburg. Die Karte bringt mich nach vorne in die ersten drei Reihen.

*Neben mir sitzen Angehörige der Schweizer Gardisten aus der Gegend von Zermatt. Und mit einer jungen Frau entspannt sich sofort ein Gespräch. Dann höre ich nur noch still zu, als sie von ihren Problemen und ihren Entscheidungsschwierigkeiten erzählt.*

Das Fest der vielen tausend Pilger in der Audienzhalle mit dem Papst. Benedikt begrüßt die Pilger aus aller Welt, erzählt von der letzten Woche, als er in Spanien war, in Santiago de Compostela und in Barcelona. Dann werden die einzelnen Pilgergruppen aufgerufen, die mit stürmischem Jubel und Gesängen antworten. Die Südamerikaner sind die „wildesten", sie haben Instrumente dabei und starten sofort ein spontanes Fest.

So verfliegen die Tage schnell und meine Unruhe wächst: Ich will endlich wieder nach Hause kommen. Jetzt Roma Termini. Ein letzter Cappuccino in einer der Bahnhofsbars, aber es ist nicht mehr „wie immer". Denn das ist jetzt wirklich der Abschied – Ich freue mich und bin traurig zugleich. Was für eine tolle Zeit hatte ich! Welche Begegnungen, welche Erfolge, welche Einsichten und Geduldsprüfungen. Und dazwischen sickert immer wieder der schöne Gedanke durch: Du hast es erreicht, du bist tatsächlich zu Fuß bis Rom gekommen.

Im Nachtzug gibt es einen großen Luxus: Ein Einzelabteil mit Dusche, das habe ich mir nach dem Rat von Benno schon in Florenz reserviert, sogar Rotwein ist inklusive.

Der Zug fährt leise, aber der Schlaf ist nicht tief. Ich spüre den Aufstieg im Apennin hinter Florenz, die ruhige Fahrt durch die Poebene, den Aufstieg zum Brenner und die Fahrt hinunter nach Innsbruck und die ganze Zeit wächst die Freude stetig an: Ich komme wieder nach Hause.

# Zwei Jahre danach

Es ist Herbst und die Bäume verfärben sich wieder. Wir haben hier im Spessart viel Laubwald und das erinnert mich so sehr an die wunderschönen Tage in Umbrien: Sonne auf den Hängen voll leuchtender Buchenwälder, im Hintergrund die schneebedeckten Berge der Monti Sibillini, das stundenlange Wandern auf den einsamen Pfaden. Im Herbst kommen die Erinnerungen an meine lange Pilgerwanderung immer wieder mit Macht zurück.

Passend dazu noch einmal eine Anfrage, ob ich einen Vortrag über den „Pilgerweg nach Rom" halten kann. In der Vorbereitung merke ich, wie präsent das ganze Erlebte ist, wie lebhaft und frisch die Erinnerung.

Dabei kommt mir wieder die Frage: Was hast du aus der Zeit mitgenommen? Hat sich etwas verändert in deinem Leben oder ist der Alltag wieder so wie früher? Ja, es hat sich vieles verändert, vor allem der Nahblick auf all die täglichen Probleme ist verändert. Keine Frage, der Alltag will natürlich ernst genommen werden, ich schwebe nicht „irgendwie erleuchtet" über den Niederungen des Alltags. Aber es ist eine sinnvolle innere Distanz hinzu gekommen. Die dreimonatige Realität eines ganz anderen Lebens voller Erfahrungen, Eindrücke und Begegnungen wirkt weiter und bildet einen guten Kontrast zu meiner Arbeit. Diese Erfahrung lässt sich auch nicht mit einem Urlaubserleben vergleichen. Nein, die drei Monate haben mein ganzes Leben relativiert und dabei gleichzeitig erweitert. Das heutige Leben voller Kontakte und Möglichkeiten hat so eine Fülle, dass ich in keiner anderen Zeit leben mag. Aber es bedeutet auch Termindruck, rasches Reagieren müssen, komprimierte Zeit und oft Hektik.

Vielleicht war das einer der stärksten Eindrücke: Es waren für mich drei Monate ohne „Außensteuerung": Die Bedeutung der „übrigen medialen Welt" war minimal. Das, was sich in unserem

Leben oft so breit macht, die (angebliche) Wichtigkeit von Nachrichten und Ereignissen zuhause oder irgendwo auf der Welt, war geschrumpft. Das Leben war konkret, hier und jetzt, Schritt für Schritt, eben genauso so wie der lange Weg selbst.

Zwei Jahre später ging mein Blick in die Berge des Himalayas. Meine Frau und ich waren in Tibet. Das Land in über 4000 Meter Höhe, die gewaltige Landschaft, die Menschen in den Städten und auf dem Land haben uns großen Eindruck gemacht. Viel wäre hier zu berichten von den großen Veränderungen, die das Land mitmacht und mitmachen muss.

Aber es war etwas anderes, was auf mich den größten Eindruck machte und das war die Pilgerbewegung im Land. In Lhasa, der alten Hauptstadt, steht der Jokhang-Tempel, das größte Heiligtum der Tibeter, Ziel vieler Wallfahrten. Und wenn die Pilger das Ziel erreicht haben, umrunden sie das Heiligtum in der sogenannten Kora, der Prozession um den Tempel. Viele hundert Menschen sind es täglich, die nach der langen Wallfahrt den Tempel erreicht haben und sich jetzt vorbereiten auf den Eintritt. Schon am frühen Morgen ist der Vorplatz gefüllt mit andächtigen Menschen, die beten und sich rituell verneigen. Rauch von brennendem Wacholder, der geopfert wird, steigt auf. Er beißt in den Augen.

Die Menschen kommen von weit her zum Jokhang, und wenn man die Augen ein wenig geschärft hat, sieht man unterwegs plötzlich viele Pilger. Manche sind einfach zu Fuß unterwegs, viele hunderte Kilometer. Und manche messen die Pilgerstrecke im wahrsten Sinn des Wortes mit ihrem Körper aus: Im ständigen Niederwerfen, sich Ausstrecken und wieder Aufstehen. Ellenbogen und Knie sind gepolstert, die Stirn zeigt eine vernarbte Haut von der ständigen Berührung mit der Erde. So sind wir einer kleinen Gruppe von vier Menschen begegnet im Aufstieg zu einem über 5000 Meter hohen Pass. Zwei pilgerten durch Niederwerfen, einer zog den Handkarren, der das Gepäck für die lange Reise trug. Wir fragten unsere Reiseführerin, wo denn das Ziel dieser Pilgerfahrt sein werde. „Natürlich Lhasa", sagte sie, „und der Jokhang." Das war etwa 600 Kilometer entfernt, ein weiterer Pass wartete noch.

Da war die Erinnerung an schwere Stellen und Abschnitte meiner langen Pilgerwanderung wieder ganz lebendig und auch das Hochgefühl beim Betreten von Assisi, Subiaco und Rom. Wie ähnlich ist manches bei den Religionen! Wie die Menschen Riten ausgestalten durch Andacht, Wallfahrt, Annäherung an den Wallfahrtsort, Stille, Meditation und Gebet.

Im 8. Jahrhundert holte König Trisong Detsen den mächtigen buddhistischen Weisen Padmasambhava ins Land. In Samiye wurde ein erstes Kloster gegründet. Von diesem ältesten Kloster in Tibet führt ein holpriger Landweg in ein Seitental hinein. Dort im Yemalung-Tal steigt ein schmaler steiler Bergpfad auf zu der Grotte, in der Padmasambhava lange Zeit verbracht hat. Viele Geschichten und Legenden ranken sich um sein Leben. Wir steigen bedächtig die Höhenmeter zur Grotte auf. Schnell geht es nicht, dafür sorgt schon die Höhe mit der dünnen Luft. Es ist ein ruhiges Steigen. Als wir endlich oben ankommen, haben wir einen weiten, freien Blick auf die Berge ringsum. Die Grotte ist umbaut von einem kleinen Kloster mit mehreren Räumen. Bei mir weckt es die Erinnerung an Subiaco und die Grotte von Benedikt: Verweilen in der Einsamkeit, die Einsamkeit aushalten und dabei innerlich frei werden, hier wie dort – Der Vergleich drängt sich unmittelbar auf. Und die Menschen halten die Erinnerung an diesem besonderen Ort durch die Jahrhunderte wach. Der Ort wird zum Pilgerziel.

Warum tun sich Menschen lange, einsame Pilgerwege an? Und warum wird das Weitwandern in unserer Zeit neu entdeckt? Was ist so attraktiv an dieser ganzen Sache? Gerade jetzt bei uns im Westen, aber ebenso hier in Tibet anscheinend ungebrochen trotz der schwierigen Situation der chinesischen Herrschaft.

Gibt es Erfahrungen unterwegs, die sich allen mitteilen, die die Mühe lohnen lassen? Ich habe immer nach Textstellen gesucht, die Hinweise auf diese innere Erfahrung bezeugen, und es gibt sie, ob bei Hape Kerkeling oder hier in Tibet:

*„… Gleichmäßig folgen die Schritte aufeinander, rhythmisch wie ein Pendelschlag, dazu geht der Atem … Und da ist es wieder, das Gefühl, das ich nur in Tibet so intensiv spüre. Das Gefühl, dem Himmel näher zu sein, das Gefühl der Schwerelosigkeit, der Freiheit, der Geborgenheit in endlosem Raum, der Zeitlosigkeit. Vielleicht ist es das Gefühl der Geistesgegenwärtigkeit, das Govinda in einem seiner Gedichte zu vermitteln sucht, wenn er sagt, wer nur an gestern oder morgen denkt, „wird nie die Ewigkeit der Gegenwart erfahren, wird nie die Gegenwart des Ewigen verspüren."*[4]

Da geht also etwas mit uns vor, wenn wir Schritt für Schritt lange Zeit unterwegs sind. Möglicherweise ist es sogar egal, mit welcher Motivation wir aufgebrochen sind. Unterwegs verändert sich mit der Landschaft Tag für Tag auch die Wahrnehmung des Fußwanderers. Parallel zum äußeren Weg tut sich ein innerer Weg auf im Zwiegespräch zwischen dem Körper in seiner Anstrengung und dem schweifenden Geist. Und hier findet jeder ein Stück Erfüllung. Ist es also doch die Suche nach dem Ziel, dem inneren Frieden, dem Im-Einklang-mit-sich-selbst-sein? Stellt diese Sinnsuche als Motiv häufig nicht doch alles andere in den Schatten?

*„In Augenblicken, in denen uns unsere tiefste Zugehörigkeit – und somit Gott – bewusst wird, quillt gläubiges Vertrauen ganz spontan auf. Abraham Maslow (1908–1970) spricht da von „Gipfelerlebnissen" – „peak experiences". In diesen besten, wachsten, lebendigsten Augenblicken unseres Lebens wissen wir uns mit einer Wirklichkeit verbunden, die weit über unser begrenztes Selbst hinausgeht. Diese Erfahrung innigster*

---

4 (Bruno Baumann „Kailash" Piper-Verlag 2003 S.116)

*Zugehörigkeit ist so grundlegend, dass es sinnlos wäre, sagt Maslow als Psychologe, zu fragen, ob wir es da mit Phantasie oder Wirklichkeit zu tun haben. Was sollen wir denn als Wirklichkeit bezeichnen, wenn nicht solche Urerfahrungen?"* [5]

Immer mehr Menschen entdecken das einfache Unterwegssein zu Fuß als Quelle der inneren Bereicherung. Die alten Pilgerwege haben wohl noch eine große Zukunft vor sich.

---

5  (David Steindl-Rast „Credo" Herder-Verlag 2010 S. 27)

# Dank

Vielen lieben Menschen danke ich an dieser Stelle von ganzem Herzen:

An erster Stelle Cornelia, dass sie mich in dem Plan unterstützt und bestärkt hat, diese lange Pilgerwanderung anzutreten. Und schließlich, dass sie mich drei Monate lang hat ziehen lassen, obwohl in der Familie, im Haus und im Beruf viel zu tun war.

Ich danke meinen Partnern in der Praxis und unserem wundervollen Führungsteam, dass sie die Zeit meiner Abwesenheit mit deutlicher Mehrbelastung klaglos überbrückt haben.

Ebenfalls bedanke ich mich bei Pater Dr. Benno Kuppler SJ für die jahrelange Begleitung und die vielen Anregungen.

Und dann danke ich ganz besonders allen Menschen, denen ich unterwegs begegnet bin und meinen Freunden, die ein Stück des Weges mit mir gegangen sind.

# Anhang mit nützlichen Hinweisen

## Wegebeschreibung

Alzenau über Rückersbach nach Aschaffenburg und Sulzbach, am Main entlang bis Miltenberg,
*Wallfahrtsweg* bis Walldürn,
*Limeswanderweg* über Rinschheim, Götzing bis Bofsheim und Osterburken, dann
*Markierung „rotes Kreuz"* Oberkessach bis Kloster Schöntal
*„Hohe Straße"* bis Künzelsau
*Landwege* bis Kocherstetten und Langenburg, Crailsheim
*An der Jagst entlang oder HW4/E8* bis Rosenberg und Ellwangen-Schönenberg
*Landwege* über Jagststausee und die Europäische Wasserscheide, Röttingen
*Egerweg* von Oberdorf (Bopfingen) bis Nördlingen
*Landwege* bis Mönchsdeggingen, Untermagerbein
*Landwege/Wanderwege* bis Harburg an der Wörnitz, am Fluss entlang bis Donauwörth
*Wanderwege* an der Schmutter entlang, bis Meitingen, weiter nach Augsburg
*Jakobsweg-Ostweg (siehe Chr. Haupt, Jakobsweg Augsburg-Bregenz, Outdoor-Verlag):* Bobingen, Ettringen, Türkheim, Wörishofen, Markt Rettenbach, Ottobeuren, Bad Groenenbach und Kempten
*Wanderwege* bis Oberstdorf
*E5 Fernwanderweg (Literatur und Karten Alpenverein, Internet)* Oberstdorf bis St. Leonhard in Passeier
*Meraner Höhenweg* bis Algund
*Waalweg* Nals
*Nach Kompass-Karte Wege 5, 2, 12, 8a* Andrian, Hocheppan, Kaltern
*Wanderwege durch Weingärten* Tramin, Kurtatsch, Magreid

*Leitenweg* Salurn,

*Fahrradweg auf dem Damm der Etsch* Mezzolombarda, Trient, Rovereto

*Straße nach* Mori, San Zeno

*Kompass-Karte 102 Weg 633* Besagno, Petronico, Rifugio Graziani

*Höhenweg Traversierung 653 und 651* Monte Baldo, Rifugio Fiori, Prada

*Weg 36* San Zeno di Montagna und weiter zum See

*Percorso del Pellegrino 41* bis Punta San Vigilio, Garda

*Wanderweg am See entlang* Peschiera

*Eurovelo Nr 7* Mantua

= im Zug nach Bologna =

*Bologna–Florenz: Trans-Apennin (Via degli Dei-Götterweg Manfred Ferner Outdoor Verlag)*

Monzuno, Madonna dei Fornelli, Passo della Futa, Traversa, Sant'Agata,

San Piero, Monte Senario, Bivigliano, Fiesole, Firenze


*Florenz–Rom: K. Roodenburg – Italien: Franziskusweg Outdoor-Verlag*

San Ellero, Passo Consuma, Stia, Camaldoli, Badia Prataglia,

La Verna, Pieve Santo Stefano, Sansepolcro,

Monte Casale, Selci Lama, Bocca Seriola, Pietralunga, Gubbio

Valfabricca, Assisi

Monte Subasio, Spello, Bevagna, Montefalco, Spoleto,

Monteluco, Patrico, Ferantillo, Poggio Bustone, Rieti


*Straßen:* Pasticciola, Stipes. Lago Turano, Carsoli, Subiaco


mit dem Bus nach Rom

Alzenau

Rückersbach
Aschaffenburg
Sulzbach am Main
Miltenberg
Walldürrn
Rinschheim
Osterburken
Oberkessach
Kloster Schöntal
Langenburg
Künzelsau
Crailsheim
Kocherstetten
Rosenberg
Ellwangen
Lauchheim-Röttingen
Bopfingen-Oberdorf
Nördlingen
Mönchsdeggingen
Harburg a. d. Wörnitz
Donauwörth
Meitingen
Augsburg
Ettringen
Bobingen
Türkheim
Ottobeuren
Wörrishofen
Bad Grönenbach
Markt Rettenbach
Kempten
Oberstdorf
Kemptner Hütte
Holzgau
Zams
Wenns
Mittelberg
Zwieselstein
Rabenstein
St. Leonhard in Passeier
Algund
Nals
Andrian
Hocheppan
Kaltern
Kurtatsch
Tramin
Mezzolombardo
Salurn
Trient
Rovereto
Mori
San Zeno di Montagna
Punta San Vigilio
Garda
Peschiera del Garda
Mantua

Bologna
Monzuno
Futa-Pass
Monte Senario
Bivigliano
Stia
Camaldoli
Fiesole
La Verna
Florenz
Pieve Santo Stefano
Sant'Ellero
Selci Lama
Passo della Consuma
Pietralunga
Sansepolcro
Gubbio
Assisi
Monte Subasio
Bevagna
Spello
Montefalco
Spoleto
Monteluco
Poggio Bustone
Rieti
Stipes
Lago del Turano
Carsoli
Subiaco
Rom

# Ausrüstung

Packliste fürs Weitwandern, ca. 10 kg ohne Verpflegung, alpentauglich

Tourenrucksack 40 l
Wander-/Bergschuhe mit stabiler Sohle, evtl. Einlagen
Sandalen
2 Garnituren Funktionswäsche
2 Kurzarm-Funktionshemden
1 Langarm-Funktionshemd
Schlafgarnitur (entsprechend U-Wäsche z. B. Odlo)
3 Paar Socken
Polyesterflauschjacke
Mittelschwere Softshelljacke
2 Funktionshosen lang, eine abreißbar
ggf. leichte Trainingshose
Regenhülle für Rucksack
Poncho
Hüttenschlafsack
Mikrofaserhandtuch
Mikrofaserwaschlappen
Waschbeutel
Verbandszeug (Elastische Binde, Heftpflaster, Leukosilk, Desinfektionsmittel, Medikamente z. B. Cetirizin bei Allergien, Ibuprofen, ggf. Blasenpflaster)
Sonnenschutzcreme
Mückenschutz
Outdoorseife (oder Rei i. d. Tube),
Nylonschnur (8 m) als Wäscheleine, Wäscheklammern
Plastiktüten oder Packsäcke (zweiter Regenschutz im Rucksack)
Taschenmesser mit Schere
Nähzeug mit festem Zwirn
Stirnlampe
Kompass

Höhenmesser
Gamaschen (Berge, Schnee)
2x Teleskopstock
Badehose/-anzug
Sonnenbrille
Sonnenhut
Brustbeutel
Notizbuch mit Bleistift/Kugelschreiber (Bleistift schreibt immer)
Ladegeräte

# Literaturhinweise

**Angela Maria Seracchioli:**
Der Franziskusweg.
Tyrolia Innsbruck 3. Auflage; 2013;
ISBN 978-3-7022-2855-5

**Ferdinand Treml:**
Der Pilgerweg nach Rom.
Tyrolia Innsbruck 2013;
ISBN 978-3-7022-3258-0

**Outdoor-Handbuch Band 91 Italien:**
Trans-Apennin Via degli Dei – Der Götterweg.
Conrad Stein 2000;
ISBN 3-89392-191-5

**Kees Roodenburg:**
Italien – Franziskusweg. Outdoor-Handbuch Band 186
Conrad Stein 2015; 5. Auflage;
ISBN 978-3-86686-358-3

**Nikolaus Kuster:**
Franziskus – Rebell und Heiliger Herder.
Freiburg 2010; 2. Auflage;
ISBN 978-3-451-30153-7

**Nikolaus Kuster:**
Franz und Klara von Assisi – Eine Doppelbiografie.
Matthias Grünewald Ostfildern 2012;
ISBN 978-3-7867-2801-6 (Buch)
oder 978-3-7867-2982-2 (e-Book)

**Helmut Feld:**
Franziskus von Assisi.
C. H. Beck Reihe Wissen 2001;
ISBN 3-406-44770-8

**Gregor der Große:**
Der heilige Benedikt. Buch II der Dialoge
EOS St. Ottilien 2008;
ISBN 978-3.88096-730-4

**Abt Odilo Lechner:**
Das Leben ist ein Pilgerweg – Unterwegs zu sich selbst.
Heyne München 2009;
ISBN 978-3-453-28005-2

**Petra Altmann, Odilo Lechner:**
Leben nach Maß – Die Regel des heiligen Benedikt für
Menschen von heute.
Herder Freiburg;
ISBN 978-3-451-32186-3

**Walter Repges:**
Assisi – Siena – Montecassino – Unterwegs mit Franziskus
und Clara, Katharina und Benedikt Knecht
Frankfurt am Main;
ISBN 3-7820-0765-4

**Bruno Baumann:**
Kailash – Tibets heiliger Berg.
Piper München 2003; 2. Auflage;
ISBN 3-89029-233-X

**David Steindl-Rast:**
Credo – Ein Glaube, der alle verbindet.
Herder Freiburg 2012;
ISBN 978-3-451-07116-4

**Hyperlink:**
„http://www.wanderforschung.de/files/
pilgern0921259080910.pdf"
http://www.wanderforschung.de/files/
pilgern0921259080910.pdf
Copyright R. Brämer 2009

# Der Autor

Werner Bachmann, geboren in Bonn, Physiker
und Augenarzt, arbeitet in Aschaffenburg, wo er
eine große operative Gemeinschaftspraxis mit-
begründet hat. In seiner Freizeit hat er Freude an
Lesen, Laufen und Wandern. Daneben ist es ihm
wichtig, Beziehungen in Familie und Freundeskreis
zu pflegen.
Nach vielen Jahren der Konzentration auf Familie
und Beruf brach sich der alte Wunsch Bahn, Assisi
und Subiaco zu Fuß zu besuchen, um Franz und
Benedikt näher zu kommen. So endete die Pilger-
schaft schließlich nach drei Monaten in Rom. Die
Entdeckung dabei: Weitwandern und pilgern
sind zwei Seiten derselben Medaille, wenn der
Mensch – zu Fuß unterwegs – die Ruhe findet,
ganz bei sich zu sein.
Er ist mit einer Ärztin verheiratet und hat drei
Söhne.

# Der Verlag

*Wer aufhört
besser zu werden,
hat aufgehört
gut zu sein!*

Basierend auf diesem Motto ist es dem novum Verlag
ein Anliegen neue Manuskripte aufzuspüren, zu ver-
öffentlichen und deren Autoren langfristig zu fördern.
Mittlerweile gilt der 1997 gegründete und mehrfach
prämierte Verlag als Spezialist für Neuautoren in
Deutschland, Österreich und der Schweiz.

**Für jedes neue Manuskript wird innerhalb
weniger Wochen eine kostenfreie, unverbind-
liche Lektorats-Prüfung erstellt.**

Weitere Informationen zum Verlag und
seinen Büchern finden Sie im Internet unter:

www.novumverlag.com